三人制篮球

杨世强 张 军 主编

西安交通大学出版社
XI'AN JIAOTONG UNIVERSITY PRESS

国家一级出版社
全国百佳图书出版单位

图书在版编目(CIP)数据

三人制篮球 / 杨世强,张军主编. — 西安:西安交通大学
出版社,2020.3(2022.9重印)
ISBN 978 - 7 - 5693 - 1705 - 3

Ⅰ.①三… Ⅱ.①杨… ②张… Ⅲ.①篮球运动-基本知识
Ⅳ.①G841

中国版本图书馆 CIP 数据核字(2020)第 033130 号

书　　名	三人制篮球	
主　　编	杨世强　张　军	
责任编辑	王建洪	

出版发行	西安交通大学出版社
	(西安市兴庆南路 1 号　邮政编码 710048)
网　　址	http://www.xjtupress.com
电　　话	(029)82668357　82667874(市场营销中心)
	(029)82668315(总编办)
传　　真	(029)82668280
印　　刷	西安日报社印务中心

开　　本	700mm×1000mm　1/16　**印张** 11.625　**字数** 167 千字
版次印次	2020 年 3 月第 1 版　　2022 年 9 月第 2 次印刷
书　　号	ISBN 978 - 7 - 5693 - 1705 - 3
定　　价	38.00 元

如发现印装质量问题,请与本社市场营销中心联系。
订购热线:(029)82665248　(029)82667874
投稿热线:(029)82668133
读者信箱:xj_rwjg@126.com

编委会

主　　编：杨世强　张　军

参编人员：徐建华　贺京周　严春辉

　　　　　李云镶　彭习涛　董亚光

　　　　　阎荟宇　吉祥波

前　言

　　三人制篮球是现代篮球学科的重要组成部分,是奥运会比赛项目之一。2011 年,国际篮球联合会确立三人制篮球为正式比赛项目。三人制篮球具有极强的观赏性、趣味性、对抗性、集体性、易组织性及广泛参与性等特征,尤其受到广大青少年的喜欢,已成为具有独特篮球竞技文化的艺术形式和发展全民健身运动的新载体。

　　三人制篮球是在街头篮球基础上演变出来的一种全新的篮球运动项目。三人制篮球对人数和场地等的限制性低,具有易组织和广泛参与等特点,可形成不同等级、适合不同人群的篮球竞赛体系,且与五人制篮球形成了极大的优势互补关系,促进了篮球运动的多元化发展,为世界篮球运动提供了新的发展空间。

　　2017 年 6 月 9 日,国际奥林匹克委员会官方宣布东京奥运会将举办首次奥运会三人制篮球比赛,这预示着三人制篮球将进入一个新的发展阶段。

　　本书对三人制篮球运动的发展、特征、作用和趋势,运动技术,运动战术,运动员的体能训练,运动员体能与营养支持,运动员的医务监督,以及运动规则等进行了较为系统的阐述,可供各级单位举办三人制篮球赛时进行参考,同时,也可作为高校篮球专业师生和篮球爱好者的参考书。

　　三人制篮球作为一项新兴运动项目,当前各国对其的认识和研究普遍不足,本书也仅仅是对三人制篮球的初步认识。由于编者水平所限,书中难免有不足及错误之处,敬请广大读者和同行专家批评指正。

编者

2020 年 1 月

目 录

第一章 导 论

篮球运动自 1891 年由美国马萨诸塞州斯普林菲尔德市（春田市）基督教青年会国际训练学校体育教师詹姆斯·奈史密斯（James Nai-smith）博士发明以来，经过一个多世纪不断地积淀、创新、发展、完善，逐渐成为集世界各国文化、科技、艺术于一体的特殊运动项目，成为人类文明进步的重要文化标志和绚丽夺目的社会人文现象。

篮球运动自诞生之日起，迅速在全世界范围内传播与发展，至今已有近一百三十年的历史。在现代社会生产力的推动下，"五人制篮球"已是世界上最为普及的运动项目之一。目前全世界有 3 亿人经常进行篮球运动，而且至少有 10 多亿人参加过不同级别的篮球比赛（图 1-1）。

图 1-1

三人制篮球是在街头篮球基础上演变出来的一种全新的篮球运动项目。三人制篮球运动的雏形可以追溯到 20 世纪初期的美国街头篮球。严格意义上讲,当时的街头篮球比赛是三人制篮球的主要表现形式,只是没有明确的规则,但是街头篮球的发展为以后三人制篮球比赛的普及与发展打下了坚实的基础。20 世纪 60 年代的美国街头篮球主要以三人篮球为表现形式。世界篮球史上的一位重要人物霍尔考比·洛克改变了街头篮球的发展方向。为降低纽约贫民区的青少年的犯罪率,霍尔考比·洛克先生将街头篮球比赛引入纽约155 街洛克公园的露天篮球场举办,自此三人篮球在美国迅速流行。1974 年,在美国密歇根州的周洛维尔镇举办了世界上首场三人篮球的比赛,使得越来越多的篮球运动爱好者参与到该运动项目中。至此,美国三人篮球比赛拥有了简单的竞赛规则,并逐渐正规化。

2011 年,国际篮球联合会(Fédération Internationale de Basketball,FIBA)确立三人制篮球为正式比赛项目并颁布相关规则。这标志着三人制篮球的正式确立,同时也促进了三人篮球脱离街头篮球向三人制篮球的转化(图 1 - 2)。经过多年的积淀和发展,三人制篮球现今已经成为世界顶级的比赛项目。

图 1 - 2

2017 年 6 月,国际奥委会将三人制篮球运动确定为奥运会正式比赛项目,并将于东京奥运会举办首次奥运会三人制篮球比赛。这预示着三人制篮球将进入一个新的发展高度,并将呈现多向性的发展态势。

从街头篮球到三人篮球再到三人制篮球发展的近百年时间里,三人制篮球的性质正在发生潜移默化的改变,已经由原来的一种游戏性的运动形式转变为具有独特篮球竞技文化的艺术形式和发展全民健身运动的新载体。

首先,三人制篮球通过在特殊的规则限定下,以独特的形式、方法、手段,集体地进行攻击对抗,体现参与者人性中最纯粹、最勇敢、最进取的精神面貌,使运动员通过激烈的身体对抗展现个性及内心的向往与追求,最大限度地挖掘篮球运动员的潜力。三人篮球最初作为一种街头游戏性活动,通过自由风格的展现,无所拘束地表现生命的张力,成为呈现人类无限想象力和创造力的篮球艺术形式。

三人制篮球的兴起为世界篮球运动发展带来了新的发展空间。三人制篮球与五人制篮球形成极大的优势互补关系,进而形成了不同等级、适合于不同人群的篮球竞赛体系,促进了篮球运动的多元化发展。

其次,由于三人制篮球对人数和场地等因素的限制性低,可以适用更加因地制宜、简单灵活的规则,因此深受各级篮球水平参与者的喜爱。目前三人制篮球运动具有广泛的群众基础,已经深深融入中国全民健身战略之中,是我国人民喜闻乐见的健身、娱乐、休闲的全民健身活动形式,对增强人民体质、增进身心健康、提高全民族素质、丰富人民群众的业余文化生活、促进社会和谐发展都有着十分重要的意义和作用。

综上所述,三人制篮球项目通过运动员间的对抗与拼斗,充分展现了生命的活力和人性的光辉,激励人们树立顽强的意志、勇敢的作风、集体主义精神,培养克服困难、敢于战斗、渴望胜利的精神品质,从而正式演进为一项内涵丰富、形式简练、流派纷呈、对抗激烈的现代奥林匹克竞技项目。

第一节　三人制篮球运动的演进与发展

一、规则对三人制篮球运动发展的影响

从 20 世纪初美国街头篮球的游戏形式,经历几十年的演变,到三人制篮球成为奥运项目,其中规则的制定、完善、发展是推动三人制篮球发展的重要基础。

三人制篮球发展初期并没有详细的规则,更没有举办所谓的联赛,世界各地的规则也不尽相同。其形式主要是在室外球场进行的“斗牛”,通常是“斗牛”双方通过口头约定“规则”,如:比赛开始前双方商量人数和打的球数,先到约定分数者为胜;没有明确的进攻时间限制;要求攻守转换时,进攻方进攻,防守方做好防守准备即可进行。

随着三人篮球凭借自身独特的魅力在全世界范围内得到迅猛发展和广泛传播,世界各国在 FIBA 的主导下,逐渐将世界各地不尽相同的比赛规则进行统一和规范。近年来,国际篮球联合会以 4 年为间隔不断对“三人制篮球规则”进行修订。2011 年,FIBA 确定三人制篮球为正式比赛项目,同时颁布了相关的正式规则,对以前的一些“惯例”规则进行了改动,例如每队报名运动员人数限定为 4 人,即 3 名场上队员和 1 名替补队员;进攻时间由原来的 20 秒改为 12 秒,这大大加快了攻防转换的节奏,使比赛变得更加激烈。规则的修改使现代三人制篮球比赛攻守回合增加,使比赛更具对抗性和观赏性,为该项运动注入了强大的生命力和独特的吸引力。

二、三人制篮球运动的演进

1. 街头篮球出现的历史文化背景

20 世纪初期的美国社会曾经发生过两次黑人大规模的迁移运动。第一次大迁移是由于在一战期间,战争对军事物资的强烈需求,使美国北部的工业飞速发展,加上美国南部白人至上的种族歧视,促使大量的

黑人向北部工业区迁移。第二次迁移是在二战后,随着美国工业高速发展,劳动力需求大量增加,美国政府实施的种族歧视和种族隔离政策,导致美国各大城市逐渐出现大量的黑人生活聚集区。

黑人聚居区为美国黑人文化的产生提供了沃土。在这里,篮球运动得到了普及和传播,黑人独具的篮球天赋与 HIP-HOP 音乐相结合,街头篮球应运而生并且迅速发展,涌现出华盛顿学生体育协会和黑人篮球联盟之类的民间组织。黑人聚集区内凡是有篮筐(篮筐甚至是用铁皮和纸盒制作的)的地方都会有一群黑人青少年进行街头篮球游戏,街头篮球在黑人青少年中成为主体流行文化形式。

当时街头篮球开展的内容十分丰富,不仅有街头篮球比赛,还有花式篮球表演等内容。其形式多样,既可以是人数均等的一对一、二对二、三对三的对抗(三对三为主流),也可以是人数不等的对抗;规则灵活,娱乐为主,参与者可以因地制宜地制定相应的规则。

街头篮球比赛成为集体育、音乐、舞蹈、表演于一体的主流文化娱乐活动,但是由于没有明确的比赛规则,只是以街头篮球游戏的形式存在,并未得到当时主流社会的重视。

2. 三人篮球发展的重要转折点

霍尔考比·洛克先生的"善举",改变了街头篮球的发展方向,也促进了"街头篮球"向"三人篮球"的转化。

为使黑人青少年远离美国街头的黑道势力和毒品的影响,纽约公园局职员霍尔考比·洛克先生将哈林区第 155 大道的一片遍地垃圾的场地通过用沥青铺成球场地面等措施进行了系列改造,并在此(洛克公园)创办了首个夏季室外篮球联赛,以吸引更多的青少年参与该街头篮球赛事。街头篮球赛事的举办,有效地降低了当地的犯罪率,并形成了浓厚的街头篮球文化,自此三人篮球在美国迅速流行,越来越多的篮球运动爱好者参与到该运动项目之中。由于当时比赛没有统一的规则,严格意义上讲并没有把街头篮球与三人篮球严格地区分开。

1974 年,纽约政府为了表彰霍尔考比·洛克先生的贡献,将该公园命名为"洛克公园(Rucker Park)",自此洛克公园成了美国街头篮球的圣地。洛克公园的产生极大地促进了人们对街头篮球赛事的关注。

1974年，在美国密歇根州的周洛维尔镇举办的大型篮球节活动中，受传统五人制篮球人数均等规则的影响，美国民间组织者为该次三人篮球比赛制定了较为明确的比赛规则，即确定了在进行比赛或是进行对抗时，参赛双方人数必须是三对三，从而结束了街头篮球在人数上、规则上的随意性和对抗中的表演性，使三人篮球比赛更具严肃性、对抗性、竞争性与正式性。该次三人篮球比赛意味着"三人制篮球"的诞生，此后三人篮球摆脱街头篮球以独立姿态发展。

以下将对三人制篮球的历史发展阶段进行简要的划分。

三、三人制篮球发展的阶段性划分

1.初创萌芽期（20世纪初至20世纪40年代）

三人制篮球的雏形是美国的街头篮球比赛，该时期的街头篮球运动没有形成正规的篮球比赛和篮球规则。由于种族歧视的存在，美国黑人是当时参加街头篮球比赛的主要人群，街头篮球比赛也反映了美国黑人消遣娱乐、追求自我价值、渴望他人认可等心理诉求。街头篮球比赛就在这样的大背景下应运而生。例如，哈林环球旅行者街头篮球队面向全世界，推动街头篮球文化的传播，使街头篮球具有独特的观赏性和娱乐性。

2.完善推广时期（20世纪50年代至20世纪80年代）

哈林环球旅行者篮球队、哈林巫师篮球队，是将街头篮球以艺术的形式向全世界普及、完善与推广的重要载体。哈林环球旅行者篮球队自1948年走出美国国门，70多年来，已在全球118个国家进行了超过两万场表演赛，观众超过1.3亿人次，使作为街头篮球一种基本形式的三人篮球比赛在该阶段得以普及与发展，也为三人制篮球的诞生打下了基础。

1965年，霍尔考比·洛克先生在美国纽约举办了世界上最早的三人篮球比赛，这是将街头篮球发展为三人篮球比赛的转折点。1974

年,受五人制篮球的影响,三人制篮球比赛有了较为正规的竞赛规则。这使三人制篮球比赛摆脱了街头篮球的随意性,使其进入全面发展阶段成为必然趋势。

3.全面发展时期(20世纪90年代至21世纪初)

20世纪90年代,世界三人篮球迅猛发展,特别在欧美地区极为盛行。1992年,在德国法兰克福举行的首届世界三人篮球赛,标志着三人制篮球比赛从此在世界上正式确立。但是,全世界范围内仍然没有统一的三人篮球竞赛体系和规则。进入21世纪,三人制篮球在世界范围内快速、深入发展,并成为世界各国人民最为喜爱的运动项目之一,参与人数在逐年增加,且世界各地三人制篮球比赛也逐年增多。2010年,在新加坡举行的首届青年奥林匹克运动会中,三人制篮球正式成为比赛项目,分为公开组和U18组两个级别。

鉴于三人制篮球所具有巨大的发展潜力,自2011年以后,国际篮联开始大力发展三人制篮球。全世界越来越多的篮球运动工作者将注意力投入三人制篮球的发展与创新研究方面。国际篮联开始在世界各地举办独立的三人制篮球比赛,包括国家队层面的世界杯、洲际杯等,如世界三人篮球锦标赛、国际篮联三对三大师赛等,以及以城市为基础对抗单位的城市对抗赛等。2012年,国际篮联建立了三人制篮球专门的网站,并制定了正式的、统一的《三人制篮球竞赛规则》,标志着三人制篮球在世界范围内正式确立。在推广三人制篮球比赛的过程中,FIBA官网还建立了队员系统,收录了FIBA旗下比赛的队员简历、得分、排名等,这极大激发了业余队员的参赛欲望。2017年,经过多年的发展,三人制篮球成为奥林匹克运动会的正式比赛项目,并将首次亮相于东京奥运会。至此,三人制篮球运动的发展达到了空前的高度。

四、我国三人制篮球的发展状况

我国三人篮球开展较晚。1993年7月,香港维多利亚公园作为法兰克福世锦赛后的32个分站赛站点之一,首次举办了三人篮球赛并大获成功。随后三人篮球运动逐渐传入内地,三人篮球运动迅速在我国发展。中国三人制篮球项目的起步虽然较晚,但具有较快的发展速度。

我国内地最早开展三人篮球赛的是广州市。1995 年举办的首届"羊城晚报杯"三人篮球挑战赛,共有 300 支队伍参赛。与此同时,在北京、上海、南京、深圳、西安、成都、厦门等城市也相继举办了三人篮球赛事。

自 2004 年肯德基携手中国篮协共同创办肯德基全国青少年三人篮球冠军挑战赛以来,三人篮球运动在我国迅速发展。在 2004 年举办的第一届肯德基全国青少年三人制篮球比赛中,参赛运动员超过 48000 人,参赛队伍超过 9000 支,整个比赛涉及全国 30 个省、市、自治区。发展至 2013 年,参赛队伍已经超过 50000 支,参赛人数超过 18 万人。

2007 年,FIBA 在澳门举办的第二届亚洲室内运动会上首次加入三人篮球作为表演项目,受到了当地观众的热烈欢迎。

2010 年,中国 U17 女子三人制篮球队,参加了第一届世界青年奥运会三人制篮球比赛,并最终夺得了冠军。

2012 年,FIBA 开启三人制篮球世界锦标赛及世界巡回赛。中国篮球协会 2012 年 9 月到 11 月组织的三对三篮球赛参赛队伍达 5 万多支,参赛运动员约 18 万人,有力地促进了三人制篮球在国内的发展。

2013 年,中国篮球协会正式成立三人篮球办公室,专门负责三人制篮球的开展和赛事推广工作。

2014 年,三人制篮球成为南京青年奥运会正式比赛项目。

2014 年,FIBA 三人制篮球大师赛、预选赛选定在我国的 11 个城市开展,近 3000 支球队报名参赛,极大地推动了三人制篮球在我国的发展。

2015 年,中国篮球协会与耐克公司联合举办全国范围内的三人制篮球联赛。联赛覆盖了中国 30 个省、直辖市、自治区,100 多个城市,在全国划分东北、华北、华东、华南、华中、西部等六大赛区,规模空前,影响巨大。

2017 年,中国三人篮球国家队获 U18 三人篮球亚洲杯的男子金牌。第十三届全运会首次将三人篮球作为正式比赛项目,一共决出了 4 枚金牌。2017 年 11 月,由中国篮球协会主办的全国三人制篮球擂台赛"我要上奥运"选拔出的"篮球草根"选手在 2018 年 8 月 26 日举行的雅加达第十八届亚运会男子、女子三人篮球决赛中,分别代表中国男、女队获得冠军。尤其是 2019 年在荷兰举行的 FIBA 3×3 篮球世界杯决赛中,中国女子三人篮球队拿到中国篮球首个世界冠军,更是在国内掀起三人制篮球运动的高潮。中国篮球协会数据显示,中国各级三人制篮球赛事中,参与人数超 3000 万。

三人制篮球在我国的迅猛发展,促进了高中及高校中三人制篮球运动的发展,高校大学生已成为我国三人制篮球的主力军(图 1-3)。

图 1-3

例如,1997 年在广州举办的"百事可乐杯"三人制篮球赛,800 多支参赛队伍中,有近 700 支队伍是由高校大学生组成的。与此同时,更有组织、更具规模、更为商业化的三人制篮球联赛也在悄然兴起。组织者既有官方机构中国篮球协会,也有肯德基、新浪、华熙国际、G-SHOCK等知名企业。目前,三人制篮球在我国已作为竞技篮球重要的突破口和推动全民健身运动的重要载体。

第二节　三人制篮球运动的基本特征

三人制篮球是在篮球场半场进行的三对三的对抗性篮球运动,与五人制篮球具有极大的优势互补关系,是一种全新的篮球运动项目,具有观赏性、集体性、简易性、对抗性、广泛参与性等特征。三人制篮球也可以称为"三人篮球(three player basketball)",或"三对三篮球(three on three basketball)",或"3×3篮球",或"3 V 3篮球"(3 V 3即3 VS 3,VS是"versus"的简写,"versus"是拉丁文,意为"相对照、相对立")。

从赛制方面分析,三人制篮球比赛虽然持续的时间较短,一场比赛仅为10分钟,但比赛的强度较大。通常在一次比赛日,参赛队需要在规定的时间内,参加多场比赛。比赛期间每局结束后有一定的休息时间,但每场比赛之间的休息时间较短,运动员机体功能得不到充分的恢复,因此对运动员自身的恢复能力有很高的要求。三人制篮球比赛具有不同于其他运动项目单一的"短时间–高强度"(如短跑、举重)或者"长时间–低强度"(如长跑、长距离游泳)的特质。因此,三人制篮球比赛是一项具有高强度且间歇恢复的集体性对抗运动项目。

"特征"是指事物外表或形式上独特的象征或标志。《辞海》中对"特征"的解释是事物异于其他事物的特点。特征是根据客体事物的共有特征抽象总结出的概念。

起始于美国纽约黑人区,最早流行于美国街头和黑人青少年之中的三人制篮球赛,经过近百年的发展历程,不仅具备篮球运动的基本特征,而且具有自身的特异性。要了解三人制篮球运动的特征,首先要明白三人制篮球比赛的性质。本质上三人制篮球遵循篮球运动的基本规律,有着与传统篮球运动相类似的特征。然而由于其比赛规则、场地、参赛人数等方面的特殊性,使其自身具有特异性。

一、三人制篮球运动的观赏性特征

三人制篮球比赛蕴含了极强的观赏性。三人制篮球起源于美国纽约黑人区街头和流行于黑人青少年之中的街头篮球,篮球参赛者将街头篮球表达自我、展现自我、追求自由、创造灵感等元素,也传承到了三人制篮球之中,使比赛具有一定的表演性。三人制篮球比赛时参与者即兴的发挥、心有灵犀般的默契配合、娴熟的攻击、攻守对抗交替转换的激烈场面等,使整场比赛充满紧张、刺激的气氛。这些都使三人制篮球具有极强的观赏性。

三人制篮球比赛也蕴含了极强的戏剧性,对抗双方有时会出现两度加时赛,甚至三度加时赛的现象。有些比赛双方比分交替领先,如最后 1 秒外线投出 2 分反超,则取得最终胜利,使比赛充满戏剧性、不确定性、偶然性。

二、三人制篮球运动的简易性特征

相对五人制篮球,三人制篮球最基本的特征是:①容易组织,三人制篮球比赛对场地、器材、人员、经费要求门槛低,立个篮球架,简单的六名队员组合,半个场地就可以进行比赛。②对参赛人数、职业、性别等条件约束性低,比赛强度可大可小,男女老少,各种运动水平的人均可参加。③技术运用、战术打法简单实用,通常技术、战术方法运用以个人技术和两人、三人的基础配合为主。因此,三人制篮球门槛低,适合大多数人参与,是一项适合全民休闲娱乐健身的运动方式。在我国,三人制篮球作为全民健身运动中极为重要的载体,得到了迅速发展。

三、三人制篮球运动的集体性特征

三人制篮球规则规定:比赛双方可报名 4 名运动员,上场队员为 3 人。古语云:“三人为众”。因此,三人制篮球也是一项集体性对抗项目,提倡在团队配合为基础的条件下,场上要求把个人能力融入于团队之中,使团队为个人进攻与防守做最佳保障,为个人创造更多更好的进攻与防守机会,形成成员之间的相互协同攻守对抗;场下要求教练员充分根据运动员个人技术特点来设计整体打法。只有依靠集体的智慧和技能,发挥团队精神,“将全队形成整体,产生化学反应”,才能取得最佳效果。

四、三人制篮球运动的对抗性特征

三人制篮球运动是典型的非周期性集体同场对抗性项目,两队共用同一个篮筐并相互交替进行攻守。它需要两队在有限的地区和空间争夺球权,以中篮为目的。攻守双方在规则允许的范围内利用跑、跳、运、传和投等基本技术去获取每次进攻得分,并尽全力采用防守技术阻止对手的进攻,获得球权。三人制篮球比五人制篮球的个人攻守面积要大,从进攻角度上来看,其个人控制和支配球的时间相对增加,比赛激烈程度更大,更具对抗性(图1-4)。

图1-4

五、三人制篮球运动的广泛参与性特征

人体的供能系统主要分为三种,分别是磷酸原系统(ATP-CP)、无氧糖酵解系统、氧化能系统,简单地说就是人体运动时的"燃料",这三种"燃料"为人体运动时输送能量。三种"燃料"共同为机体运动供能,只是在运动的不同阶段所提供的比例不同。例如,3~15秒左右的运动,主要是ATP-CP系统起主导作用;在2分钟以内的运动,无氧糖酵解系统为人体主要供能;20分钟以上的运动,氧化能系统作为主要供能系统;当运动时间在2~20分钟时,三种供能系统同时供能,三大供能系统供能比较均衡。一场三人制篮球比赛就属于三大供能系统共同供能,同时是每种供能比较均衡的项目。三人制篮球运动所消耗的能

量,由三大供能系统同时参与,且能量消耗比较均衡,符合大众健身的特点。

从赛制方面分析,三人制篮球比赛同一比赛日场次较多,总时间较长。许多运动项目也类似于三人制篮球的赛制,如拳击、摔跤、跆拳道等重竞技对抗性项目的比赛分为若干局对抗,每局时间短但是强度大,比赛期间每局结束后均有一定的休息时间,运动员需要迅速恢复竞技状态,以准备下一局的比赛,这对运动员自身的恢复能力有很高的要求,尤其对最大摄氧量水平的要求很高,即运动员必须具备强大的心肺功能,才能在短时间内将人体功能恢复至接近较高水平。但这类重竞技项目通常较为"小众",不太适合全民健身的实际需求。

六、三人制篮球运动的短周期性特征

FIBA 规定:"三人制篮球比赛的时间为 10 分钟,每次进攻时间 12 秒。"三人制篮球单场比赛时间短,形成了独具一格的比赛呈现方式。三人制篮球的参赛队伍多,常采用循环制与淘汰制相结合的混合制,缩短了比赛周期,使比赛时间缩短。另外,三人制篮球比赛的结果,往往会出现偶然性,使得三人制篮球更具吸引力。

FIBA 规定:"三人制篮球比赛场地为五人制篮球的一半。"更短的时间、更小的场地意味着比赛对抗更激烈。短时间、高强度的比赛,有利于提高运动员的肌肉力量、爆发力等。同时,高强度的比赛对抗,也有利于培养运动员的意志、毅力和拼搏协作的精神。

七、三人制篮球运动的商业性特征

在洛克公园举办三人制篮球时,就引起了商家对三人制篮球赛事的极大关注。企业在比赛中提供赞助,通过"冠名"三人制篮球比赛,推广企业产品,这不仅有利于体育赛事的推广,而且达到了扩大产品和企业影响力的目的,形成"双赢"。三人制篮球比赛的商业性与经济价值也日益明显。商业机构的推广对三人制篮球在全世界范围内的普及发挥了重要作用。近年来,三人制篮球与企业商务推广之间,更是达到了互赢共进的程度。

三人制篮球短周期性的特点吸引了众多国内外企业的眼球。据中国篮球协会官方数据显示,目前中国参与该项运动的人数已超过3000万。与此同时,更有组织、更具规模、更具商业化的三人制篮球联赛也在悄然兴起,其中肯德基、新浪、华熙国际、G-SHOCK等著名企业为树立企业形象,扩大品牌的知名度和影响力,针对目标消费群举办了很多颇具商业气息的三人制篮球比赛。

第三节　三人制篮球运动的作用

一、三人制篮球运动的健身作用

三人制篮球运动是发生在空间和地面的对抗性运动,单次进攻时间仅12秒,攻防节奏转换快,队员之间身体碰撞频繁和激烈,相较于五人制篮球,由于攻守人数的减少,使得人均攻守面积增加,进攻结束后需要立刻盯人防守,只有很少喘息的时间,这样可以有效地刺激运动员的心肺功能,提高运动员的最大摄氧量水平;同时,对于运动员的判断和反应能力以及心理素质也有着极高的锻炼价值。

有研究表明,参加三人制篮球比赛的大多数队员下场时脉搏跳动在160～180次/分钟。三人制篮球运动强度适中,不仅可以提高有氧代谢水平,增大心排血量,提高肺活量,还可以增加呼吸的力量和耐力,提高肺通气量,降低安静时的呼吸频率。

近期国外有研究利用GPS技术对三人制和五人制篮球比赛模式(总距离或DT,平均速度或每分钟速度,运动员加载或PL,最大加速度或最大速度)进行了比较,发现三人制篮球比赛模式有更高的健身价值,两者在变量DT方面差异显著,每分钟的总距离和运动员加载,横移速度在1 m/s的范围内,大部分时间在做加速运动。对结果的解释表明,3×3比赛相对于5×5比赛,比赛场地的人均占有空间面积扩大,对运动员的身体要求更高。

三人制篮球由于场间有专门的休息时间,因此运动强度可以调控,使得三人制篮球既有对抗性,又有观赏性。同时,对参与者的心血管系统,心力储备能力,呼吸、消化器官功能等具有特殊的锻炼价值。另外,加上较高的参与度,使三人制篮球更加符合全民健身的需求。

国外研究通过三人制篮球比赛方式检验其作为改善血液载脂蛋白水平的有效性,受试者每周 4 次,每次 4×10 分钟进行中等强度的三人制篮球比赛,18 周后检测受试者血液载脂蛋白水平和体型特征数据,并与受试前比较。经过 18 周的三人制篮球比赛,多数受训者的血液载脂蛋白水平得到了改善,这表明三人制篮球比赛可作为改善血液载脂蛋白水平的运动处方。

另外,有研究比较了青少年男子篮球运动员半场 3×3 和 4×4 篮球比赛的心率和主观体力感觉的反应,检测 3×3 和 4×4 两场篮球比赛结束后运动员的个人最高心率值和整体运动自觉量指标,并且运用蹲跳和反向运动跳来进行评估。研究结果发现:3×3 篮球比赛比 4×4 篮球比赛会促成更高的生理需求,尤其是在心率、反向跳测试指标方面变化显著,但 4×4 篮球比赛的速度和激烈程度均不如 3×3 篮球比赛。分析其原因,是在比赛中空间和运动员人数的减少给予了运动员更多的自我发挥空间以及使比赛的对抗性增强。

大量研究结果表明,通过三人制篮球比赛,可以促进人体的力量、速度、耐力、弹跳、灵敏度等身体素质的发展,改善人体内脏器官与感觉器官的功能以及中枢神经系统的支配能力,对人体身心综合素质有着很高的锻炼价值。

二、三人制篮球运动的教育作用

三人制篮球是一项集体性运动项目。打好三人制篮球比赛不仅需要参与者主动地融入团体,积极分工协作和默契配合,而且需要"小我服从大我",这对培养运动员的团队精神、促进队员间的交流等都有着极为重要的作用。

三人制篮球运动还有助于参与者个体创造性思维能力的培养。由于三人制篮球不允许教练员临场指导,需要参与者根据比赛的实际情况创造性地实施攻防和个性化发挥,鼓励参与者在比赛中合理运用某些花式篮球技巧等,这些都有助于参与者创造性思维能力的培养。

三、三人制篮球运动的娱乐作用

三人制篮球融集体性、竞争性、艺术性和娱乐性于一体,具有特殊的休闲娱乐功能。

任何运动项目的娱乐功能发展都与人类精神文化的需求息息相关,对真、善、美的追求是人们精神文化生活的内在需求。三人制篮球比赛中所表现出的对抗之美、技巧之美、动感之美、运动员之间巧妙配合的默契之美等,无不给观者带来美的感受,可见,三人制篮球具有丰富的娱乐作用。而且,三人制篮球比赛使参与者更容易高度集中注意力,以忘我的状态投入赛场的紧张激烈氛围中,这样能使参与者很好地调整精神状态,从而达到娱乐健身的目的。

四、三人制篮球运动的经济作用

三人制篮球比赛具有赞助成本低、回报高、宣传效果佳的特点。基于我国庞大的篮球人口基础,欧美赞助商尤其青睐于我国三人制篮球比赛。在我国改革开放初期,耐克、阿迪达斯、AND1 等国际品牌依托三人制篮球比赛,作为其品牌营销手段,进入中国市场。例如,2004 年肯德基 3 V 3 篮球赛是国内首次大规模举办的全国性赛事,肯德基品牌通过分布在中国各地的门店,召集了大批热爱篮球的青少年参赛,经过十几年发展,已积累了数百万的参赛者。

目前 FIBA 主推三人制篮球的背景是希望在三人制篮球中打造出全新品牌赛事。据统计,目前中国三人制篮球参与人数超 3000 万,参与人数居世界前列。改革开放 40 多年来,随着国家经济实力增强,国民收入增加,参与体育活动的人越来越多,使中国三人制篮球市场具有巨大的上升空间和巨大的消费潜力。

2018 年 1 月 29 日,中国篮球协会成立全新的三人篮球委员会,以期在竞技、体育产业、市场开发以及全民健身等领域做出积极探索。随着三人制篮球被 FIBA 定为正式的比赛项目,且成为东京奥运会的项目之一,三人制篮球商业化将发展到一个前所未有的高度。

第四节 三人制篮球运动的发展趋势

当前世界三人制篮球运动作为一种全球性的社会文化在世界范围内飞速发展。三人制篮球进入世界赛场成为正规的竞技篮球比赛项目,预示着三人制篮球将进入一个新的发展高度,同时也有力地推动了三人制篮球向职业化、商业化、大众化、竞技化方向发展。

一、三人制篮球运动的大众化

由于组合球队方便,场地简单,规则要求不高,三人制篮球拥有广泛的群众基础。自出现以来,三人制篮球存在着"民间热潮"的情况,仅中国范围来说,参加三人制篮球比赛的人数每年超过 10 万,以及有数万个不同级别的三人制篮球比赛。三人制篮球已经成为全球范围内传播社会文化的一种手段。

FIBA 为三人制篮球运动的普及与发展做出了巨大的贡献。FIBA于 2011 年制定了三人制篮球的比赛规则并将其确立为正式比赛项目,让三人制篮球在全球迅速流行,目前三人制篮球已经成为一个非常适合大众健身发展的主流项目。除 FIBA 组织的标准化、专业化和全球化的三人制篮球比赛外,还有大量的非正式、业余、本地化和更多"草根"三人制篮球比赛,这将进一步推动世界三人制篮球的普及和大众化发展。

二、三人制篮球运动的竞技化与职业化

大部分竞技运动项目是从最初的游戏而来,随着规则的完善、发展,再逐渐规范化、精确化,成了追求更高、更强、更快的奥林匹克竞技运动项目。长期以来,由于缺乏组织推广,比赛规则各异,导致国际性正规大赛较少,三人制篮球也一直游离于职业体育的大门外。但是,由于广泛的参与性及项目自身魅力,三人制篮球成为国际篮联当前主推的项目。2011 年,FIBA 制定了三人制篮球统一的、专门的比赛规则,且通过组建队员排名系统、加强推广、丰富赛事等众多举措使三人制篮球赛事朝着正规化、职业化的方向迈进,并成为东京奥运会正式比赛项目。

2011年后,世界三人制篮球发展迅速,FIBA在世界范围内多次举办三人制篮球比赛,世界各区域间的交流比赛越来越多,这奠定了三人制篮球竞技化、职业化的基础。三人制篮球项目逐渐成为一项独立的竞技运动项目,并形成了其自身独特的竞技文化。

我国三人制篮球比赛也正在逐步形成稳定的三人制篮球三级比赛赛制,并且正在积极构建三人制篮球竞赛体系。鉴于三人制篮球已经发展成为一项国际篮球联合会正式的运动项目,再加上2018年初我国国家体育总局篮球运动管理中心三人篮球部的成立,标志着三人制篮球在我国正式开始了其竞技化、职业化的发展道路。

三、三人制篮球运动的商业化

目前,我国三人制篮球运动初具市场规模,商业化气息逐渐形成。商业化是三人制篮球发展到某种程度的必然。同时,通过新闻媒体的参与促进了三人制篮球商业化的运作,实现了三人制篮球的市场价值。实践中三人制篮球赛事往往是通过网络、电视转播等媒体,将球队冠名、服装logo、转播权、广告牌等,进行公开商品销售或拍卖。除比赛本身以外,其他相关项目也可以进行商业化处理,进入商业市场,以实现三人制篮球的商业化。

在三人制篮球运动的发展初期,就有众多国际大品牌发现了其潜在的商机,如耐克、阿迪达斯、AND1等运动品牌。最为人熟知的是肯德基在中国举办了十余年的肯德基三人制篮球赛,参加人数之多,规模之大,商业运作之精致都堪称经典,也为肯德基品牌的树立打下了坚实的基础。近年来,随着三人制篮球的普及与发展,众多商业机构也看到了三人制篮球易开展、易组织、影响力大的特点,纷纷举办三人制篮球比赛。三人制篮球已成为商业组织重金打造的品牌,通过在赛事举办期间穿插的各类文体表演与商务推广活动,更是将三人制篮球的商业价值发挥到了极致。

三人制篮球凭借其竞技性、职业化、商业性等特点,得到了FIBA的极力推广,国内外各类大赛接连不断,层出不穷。同时三人制篮球凭借其自身的吸引力,越来越多不同年龄、水平的参与者参与其中,其竞技性、职业化、商业性程度不断提高。三人制篮球也具有鲜明的健身性、教育性特征,深受各级水平的篮球参与者的喜爱,并已全面融入中国全民健身战略之中(图 1-5)。

图 1-5

第二章 三人制篮球运动技术

篮球技术是篮球比赛中运动员为了进攻与防守所采取的专门技术动作及方法的总称。篮球技术的分类如图 2-1 所示。

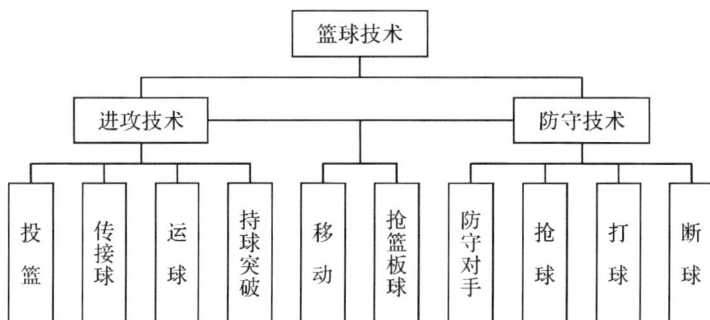

```
                        篮球技术
            ┌──────────────┴──────────────┐
         进攻技术                        防守技术
    ┌──┬──┬──┬──┬──┐          ┌──┬──┬──┐
   投  传  运  持  移  抢          防  抢  打  断
   篮  接  球  球  动  篮          守  球  球  球
       球      突      板          对
               破      球          手
```

图 2-1

第一节 三人制篮球运动的运球技术

一、运球概述

运球是持球队员在原地或行进中,用单手连续拍按由地面反弹起来的球的一类动作方法的总称。

运球是篮球比赛中个人进攻的重要技术,运球不仅是个人摆脱防守,创造传球、突破、投篮得分、调整变换传球角度的重要进攻手段,也是进攻队员发起快攻、组织全队战术配合的重要方式。娴熟的运球不仅可以减少失误,还可以通过运球调整进攻空间、变换进攻节奏、调整传球角度、转移进攻区域等。

随着三人篮球技术的发展,三人篮球比赛对于运球技术提出了更高的要求。运球的特点是:运球方式变化多、节奏变化快,使运球技术更具有隐蔽性、保护性、突然性和攻击性；身体重心低，侧身掩护球；为扩大手臂控球范围，手腕手指翻转时，球停留手中的时间稍长。

在运用运球技术过程中要注意以下几点：

①运球时，要养成抬头的习惯，观察场上局势；

②在能传球或投篮（可以投篮进攻）区域不运球；

③运球中，没有传球或投篮的机会，不要停球。

二、运球技术的分类

运球按动作位置变化，可以分为原地运球和行进间运球两大类。运球技术分类如图 2-2 所示。

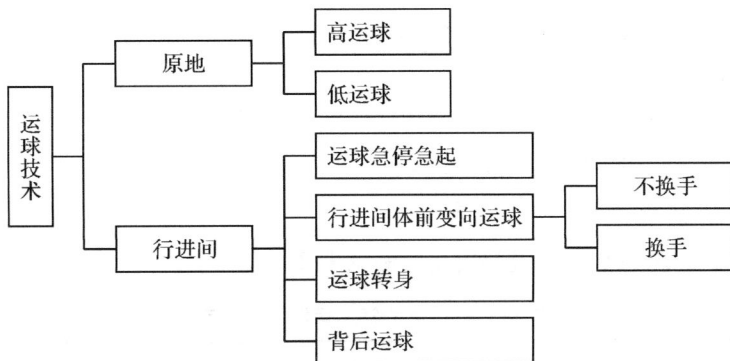

图 2-2

三、运球技术的动作方法

(一)高运球

高运球是进攻队员在没有防守干扰的情况下，为了加快向前场推进的速度，并在进攻中调整进攻速度和攻击位置时常采用的一种运球方法。其特点是按拍球的力量大、反弹性高、利于控制、行进速度快。

1. 动作方法

①运球时，眼睛平视前方。

②高运球时,肩、肘、腕关节依次向前下方伸展。

③五指微屈,掌心空出,五指自然张开,由球面按压球的后上方(图2-3)。

④向前下方按拍球,始终保持球在前,人在后,移动速度越快,球的落点越往前。

⑤球的落点在身体的侧前方,球的反弹高度要保持在胸腹之间。

2.动作要点

①注意身体姿势,保持较高的重心。

②注意抬头观察场上的变化。

③注意用手指及掌根部按拍球的部位(球的后上方)。

④注意手脚间的配合协调。

3.常见错误及纠正方法。

高运球的常见错误及纠正方法见表2-1。

图2-3

表2-1　高运球的常见错误及纠正方法

常见错误	纠正方法
第一次运球处在身体的侧面	要注意将球放在身体的正前方,把球向前推出2、3米后,追球跑
队员们的运球次数过多	运球的次数不要受步数的限制,试着在两条端线之间进行练习,可临时改变运球的次数
在运球时,出现带球跑违例	高运球强调队员应该把手按压球的后上方,避免用力过大,球反弹过高,出现带球跑违例
在高运球时,难以控制好球	高运球时要将球控制在身体的正前方,离身体太近或太远都不利于对球的控制

(二)低运球

控制性运球通常被称为低运球,是一种保护球和控制球的技术。当进攻队员在受到对手的紧逼或抢阻时,常采用低运球以保护球或者摆脱防守。

1.动作方法

①低运球时,两腿应迅速弯曲,重心下降,上体前倾,非运球手架于身体侧前胸部高度,同侧脚向前跨出半步,使身体保持在球和对手之间,用上体和腿保护球(图2-4)。

②用手腕和手指及掌根部短促地拍按球的后上方,将球控制在膝关节的高度,前脚掌用力后蹬,快速向行进方向移动。

图2-4

2.动作要点

①身体姿势,注意保持较低的重心。

②侧身或非运球手保护球。

③始终保持抬头,观察场上的情况。

④合理的脚步动作。

3.常见错误及纠正方法

低运球的常见错误及纠正方法见表2-2。

表 2－2 低运球的常见错误及纠正方法

常见错误	纠正方法
运球缺乏力量且速度较慢	不要仅仅依靠手臂的力量拍球,注意手腕发力,手腕也可为运球提供足够的力量
球经常被防守者抢断	注意运球要低,同时要用非运球手保护球
当遇到紧逼防守时,容易造成后背对着球筐	在遇到紧逼防守时,要使身体正对球筐并尽力把球控制在较低的位置,并用非运球手保护球

(三)运球急停急起

在运球推进中,进攻队员利用速度、节奏的变化,给防守队员以准备停球、投篮或传球的假象,突然急停急起,来摆脱防守的运球方法。

1. 动作方法

在快速运球中突然急停时,采用两步急停,使重心降低,手拍球的前上方,使球停止向前运行;运球急起时,两脚用力后蹬,上体急剧前倾,按拍球的后上方;迅速启动,使人、球同步快速前进(图 2－5)。

图 2－5

2. 动作要点

①注意身体姿势,保持身体平衡。

②注意保护球。

③保持抬头观察。

④假动作诱骗防守。

⑤急起,迅速超越防守。

⑥手、脚、躯干协调配合,协调一致。

3.常见错误及纠正方法

运球急停急起的常见错误及纠正方法见表 2-3。

表 2-3 运球急停急起的常见错误及纠正方法

常见错误	纠正方法
进攻由原地低运球转变为加速运球时,不能超越防守	务必要先使用急停动作,诱骗防守者停止移动,然后快速运球
进攻队员在全速运球状态下急停时,不能很好地控制球	在做急停急起时,要把球控制在膝关节的高度,两脚站位适度,以较好地保持身体平衡

(四)行进间体前变向运球(不换手)

体前变向运球是当运球队员与防守队员接近时,为了摆脱和突破对手,运用上体的虚晃和左或右拨球动作不换手变向突破防守的一种运球方法。

1.动作方法

此处以右手运球为例。当运动员运用体前变向时,将球从身体右侧拍向体前中间的位置,再将球迅速拨回右侧,然后按拍球的后上方,左脚向右侧前方跨出,上体右转,侧肩挡住对手,从防守的左侧突破运球前进(图 2-6)。

图 2-6

2.动作要点

①身体重心转移迅速。

②注意侧身保护球。

③保持抬头观察。

④合理的脚步动作,脚尖对准移动方向。

(五)体前变向换手运球

体前变向换手运球是队员在运球过程中,遇到对手堵截时,把球从一只手转移到了另一只手,改变运球方向,以此摆脱防守的一种方法。

1.动作方法

此处以右手换左手为例。运球队员从对手右侧突破时,先向防守左侧做变向运球假动作。当对手向左侧移动堵截运球时,运球队员突然按拍球的右后上方,使球经自己体前右侧反弹至左侧前方,右脚向左前方跨出,上体向左转,侧肩挡住对手,同时换左手按拍球的后上方,左脚跨出并用力蹬地加速,从对手的右侧突破(图2-7)。

图 2-7

2.动作要点

①转身迅速,重心保持平稳。

②注意侧身保护球。

③保持抬头观察。

④合理的脚步动作,脚尖对准移动方向。

3.体前变向运球的常见错误及纠正方法

体前变向运球的常见错误及纠正方法见表 2-4。

表 2-4　体前变向运球的常见错误及纠正方法

常见错误	纠正方法
在体前变向时球被防守队员抢断	在做体前变向时,避免运球过高,运球要低且贴近身体,始终保持低重心的基本姿势
出现带球违例	强调在做体前变向时,运球手一定要放在球的侧面,防止手放在球的下面
在体前换手变向时,无法控制球,容易失误	许多队员控球差是因为在做交叉步时用手掌运球,或者另一只手没有做好接球的准备或者处理球不当。要注意要用手指端控制球,另一只手体前做好准备
在做体前换手变向运球时,低头看球	在做交叉步时不要看球,始终看着篮筐,才能知道何时传球、何时投篮以及何时运球上篮

(六)后转身运球

后转身运球是向后转身与运两次球结合在一起的运球方法。当对手紧逼,不能用直线运球或体前变向运球突破时,可用后转身运球摆脱防守。

1.动作方法

此处以右手运球为例。变向以左脚为中枢脚做背后转身,右手按拍球的前上方,随后用后转身的动作,将球拉至身体的侧后方,然后换左手运球加速推进(图 2-8)。

图 2-8

2.动作要点

①运球要有力而短促,转身迅速,重心无起伏。

②保持抬头观察。

③合理的脚步动作。

④手部姿势(用手指端控制球)。

3.常见错误及纠正方法

后转身运球的常见错误及纠正方法见表2-5。

表2-5　后转身运球的常见错误及纠正方法

常见错误	纠正方法
在改变方向时低头看球	后转身运球时应注意在转身瞬间不要看球,仍需努力抬头观察
运动员在换手时,出现带球违例	应该注意手要从球的上方移到球的外侧,接着往回拉球完成转身动作,切忌将手放在球的下面
在运球转身时被夹击	强调抬头的重要性,当附近有另外防守者时不要做后转身运球
在转身运球时易原地绕圈子,变向速度慢	在做后转身时,必须固定前脚,以此为轴进行转身,后脚尖要对准新的行进方向迈一大步

(七)背后运球

当防守队员堵截运球一侧、距离较近、不便用体前变向运球时,运球队员可采用背后运球,改变方向突破防守。

1.动作方法

此处以右手运球,向左侧变向为例。左脚前跨,右手将球拉到右侧身后,迅速转腕按拍球的右后方,使球从背后反弹至左侧前方,左脚同时向左前方跨步,换左手运球加速前进(图2-9)。

图 2-9

2.动作要点

①变化迅速,跨步及时,重心转换跟上。

②保持抬头观察。

③拍球的部位。

3.常见错误及纠正方法

背后运球的常见错误及纠正方法见表 2-6。

表 2-6 背后运球的常见错误及纠正方法

常见错误	纠正方法
背后运球结束后,没有加速摆脱对手	背后运球结束后,必须强调改变方向,利用时间差,加速摆脱对手
背后运球时,运球力量不足或者偏大,影响与下一个动作的衔接	要注意运用手腕的力量,把握拍按球的力量、方向和节奏及其动作之间的衔接
在做背后运球时遭遇夹击被断球	背后运球的运用,一般是在突破之后,具有一定的空间改变运球方向。当遭遇两人及以上夹击时,应尽量避免使用背后运球或注意利用身体的优势保护球

第二节　三人制篮球运动的传接球技术

一、概述

传接球是指在篮球比赛中进攻队员之间有目的地转移球的方法。它是进攻队员在场上相互联系和组织进攻战术的纽带,也是实现战术配合的具体手段。现代篮球运动要求运动员在比赛中运用传接球技术应做到隐蔽、及时、多变、准确,巧妙地利用球的转移调动防守,打乱对方的防守部署,创造良好的进攻机会,提高进攻效率。

1.运用传球技术时应该注意的问题

(1)要把握场上形势,确保传球的准确性以及对传球时机的判断。

(2)注意身体动作姿势的调节,控制传球的速度。

(3)注意使用传球的假动作迷惑对手,减少失误。

(4)传球时,持球手法要正确,全身协调发力,利用食、中指拨球。

手上基本功训练是提高传球技术的关键。传球基本功训练时,要注意训练手持、翻、转、屈、抖、拨等控制支配球的能力。篮球比赛中随机应变的背后传球、空中传球、运球中拨球等高难动作,均由胸前传球演变而来,为比赛中随机应变而出现的巧妙传球打下基础。

2.运用接球技术时应该注意的问题

(1)要做好接球的准备姿势。

(2)要向来球的方向移动。

二、传球技术的分类及动作方法

(一)双手胸前传球

双手胸前传球是比赛中最基本、最常用的一种传球方法,具有传球快速有力、准确性高、容易控制、稳定性高且便于与其他动作相结合等优点。

1.动作方法

身体成基本站立姿势,两肘自然弯曲于体前,双手持球于胸腹之间,双眼平视传球目标。传球时,双脚前后开立,后脚蹬地发力,使身体重心前移,两臂前伸,两手腕随之内旋,拇指用力下压,通过食、中指,用力将球传出。球传出后,两手略向外翻(图2-10)。

图 2-10

2.动作要点

(1)正确的身体姿势。

(2)正确的持球动作,用力协调连贯,大拇指下压拨球,通过食指、中指出球。

(3)向传球方向蹬跨。

3.常见错误及纠正方法

双手胸前传球的常见错误及纠正方法见表2-7。

表 2-7 双手胸前传球的常见错误及纠正方法

常见错误	纠正方法
双手胸前传球时缺乏力量	在传球前要保持肘关节内收,弯曲手腕和手指。出手时应该向传球方向蹬跨,借助腿、腰背和手臂的力量
传球落点不准确	准确的传球需要正确的跟随动作,传球后手指要指向目标
传球时线路较高	强调应该从胸部水平传球,如果从腰部传球将会使球向上飞行,导致传出的球较高

(二)双手击地传球

双手击地传球是球经过地面反弹传给接球队员的一种传球方法。当传球队员与接球队员之间有防守队员时,通常采用击地传球的形式。

1.动作方法

双手持球于胸腹之间,两肘自然弯曲于体侧,身体成基本站立姿势,眼睛瞄准击地点,通常是传球者到接球者距离的三分之二处。传球时,后脚蹬地发力,身体重心前移,两臂前伸,两手腕随之旋内,拇指用力下压,食、中指用力拨球将球传出。球出手后,两手略向外翻(图2-11)。

图 2-11

2.动作要点

(1)正确的身体姿势。

(2)要找准击地点。

(3)向击地点方向蹬跨动作。

3.常见错误及纠正方法

双手击地传球时,容易出现的错误及纠正方法见表2-8。

表2-8　双手击地传球的常见错误及纠正方法

错误	纠正方法
反弹传出的球向前旋转太快,给接球造成困难	注意在传球时拇指向下,用食指和中指拨球,使之向后旋转,便于同伴接球
传出的球离接球队员太近,造成接球困难	需要使球的反弹点离接球队员稍远。一般来说,反弹点应在传球队员与接球队员之间距离的三分之二处,使球到达接球队员的腰部位置,有助于接球
传球的力量小、速度慢	强调在传球时要伸展肘关节,收腹并用拇指拨球,手臂要向内旋转,传球结束时拇指向下,其余的手指指向球的反弹点

(三)单手肩上传球

单手肩上传球是一种常见于中远距离传球的方法,传球的力量大,球飞行速度快,常在传接球两者距离较远时运用。

1.动作方法

双手持球于胸前,两脚平行开立。此处以右手传球为例:左脚向传球方向跨出半步,右手将球引至右肩上方,右肩关节引展,大、小臂自然弯曲,手腕稍后屈,单手持球的后下方,左肩对着传球方向,重心落至右脚上。传球时,右脚蹬地发力的同时转体带动上臂,以肘领先前臂,手腕前屈,协同食指、中指、无名指用力拨球将球传出(图2-12)。

图 2－12

2.动作要点

(1)做单手肩上传球动作时,始终要使身体处在平衡状态。

(2)蹬地、扭转肩、挥臂、扣腕动作连贯。

(3)注意传球后手部的跟随动作。

3.常见错误及纠正方法

单手肩上传球时,容易出现的错误及纠正方法见表2－9。

表 2－9　单手肩上传球的常见错误及纠正方法

常见错误	纠正方法
传球的力量小	在传球时要运用腿部力量,利用传球后的跟随动作也可提高传球的力量和准确性
传球不到位	注意传球后跟随动作的完成,出手后手指要指向传球目标,以提高传球的稳定性
传球时出现走步违例	在传球之前,中枢脚不要离开地面,身体重心应该从后脚向前脚转换

(四)单手体侧传球

单手体侧传球是一种近距离隐蔽传球的方法。外线队员传球给内线同伴时常用这种方法。单手体侧传球与跨步、突破等假动作结合运用效果更好。

1.动作方法

两脚开立,双手持球于胸前。此处以右手传球为例:左脚向左侧前方跨步的同时将球引致身体右侧呈右手单手持球,出球前的一刹那,前臂向后做弧线摆动,持球手的拇指在上,手心向前,手腕后屈。然后手腕前屈,食指、中指、无名指拨球将球传出(图2-13)。

图 2-13

2.动作要点

(1)跨步绕过防守。

(2)跨步与向体侧引球同时进行,前臂摆动快,传球手腕用力。

(3)身体重心下降,身体处在平衡状态。

3.常见错误及纠正方法

单手体侧传球时,容易出现的错误及纠正方法见表2-10。

表 2-10　单手体侧传球的常见错误及纠正方法

常见错误	纠正方法
传球缺乏力量	传球缺乏力量及传球不到位往往是由于持球时,球处于身体后,使肘关节过于外展,不利于用力
传球不到位	要注意保持肘关节内收,传球时要屈腕拨指,伸展腿、背部和双臂,并且要完成跟随动作。同时,确保手指指向传球目标

（五）背后传球

背后传球即从身后传球的技术。当防守队员逼近防守时，或者在二攻一守的快攻中，防守队员站在两名进攻队员的中间时，可以专门运用背后传球技术。

1.动作要求

两脚开立，身体处于一种较好的平衡状态。右手传球时，把球转移到臀部后面。右手放在球的后面，出球前的一刹那，持球手的拇指在上，手心向前，手腕后屈。传球时，前臂向后做弧线摆动，手腕前屈，食指、中指、无名指拨球将球传出（图 2－14）。

图 2－14

2.动作要点

(1)前臂摆动快，手腕用力。

(2)注意身体姿势的平衡。

(3)注意手指的随球动作。

3.常见错误及纠正方法

背后传球时,容易出现的错误及纠正方法见表 2－11。

表 2－11　背后传球的常见错误及纠正方法

常见错误	纠正方法
球的落点不准确	注意传球者两肩要保持一条直线对准传球目标,传球后手指要指向传球目标
缺乏传球力量	要注意用力屈腕拨球,同时使自己的重心向前脚转移,以增大传球力量
在背后传球时球碰到自己的臀部	注意要以后脚的前脚掌为轴转动身体,使重心移到准备传球的侧面,避免在传球时臀部碰到球

三、接球技术的分类及动作方法

接球是获得球的技术动作,也是抢篮板球和断球的基础。在对抗激烈的比赛中,采用正确的接球动作牢稳地接球,对于减少传球失误、弥补传球不足以及获取对方的球都非常重要。

(一)双手接球

1.动作方法

身体成基本姿势,两眼注视来球,两臂迎球伸出,根据球的位置来决定两臂迎球的方向。双手手指自然张开,两拇指成"八"字形,其他手指向前上方伸出,两手呈一个半圆形。当手指触球时,双手将球握住,两臂顺势屈肘后引缓冲来球的力量,两手持球于胸腹之间(图 2－15)。

2.动作要点

(1)身体始终处于平衡的姿态。

(2)向来球方向移动。

(3)伸臂迎球,在手接触球时手臂后引缓冲,持球于腰腹之间。

图 2-15

3.常见错误及纠正方法

双手接球时,容易出现的错误及纠正方法见表 2-12。

表 2-12 双手接球的常见错误及纠正方法

常见错误	纠正方法
没有做好接球的准备	队员要伸出手与传球者进行语言或眼神的交流
球被防守队员抢断	绝不能在原地等球,必须时刻做好接球的准备,同时防止对手向前移动和抢球
接球后容易失误	强调两臂顺势屈肘后引,缓冲来球的力量。缓冲动作可以使接球队员更好地控制球
在接球后出现走步违例	接球者应该向来球方向移动,接球时要采取跨步急停或两步急停的步法,避免走步现象

(二)单手接球

单手接球能接不同部位和方向的来球,因此,其接球范围较大,并且有利于接球后的快速行动。但是单手接球的难度较大,当防守者紧逼贴身防守时,通常不使用单手接球。

1.动作方法

原地单手接球时,接球手向来球方向伸出,五指自然分开,掌心正对来球(接不同部位的来球时,动作方法基本相同,但是在接高部位的球时,掌心要向上),手腕、手指放松。当手指触球时,顺着球的来势迅速收臂,置球于身体前方或体侧,另一手迅速扶球,保持身体平衡,做好下一个进攻动作的准备姿势。在移动中接球时,要判断来球的时间和落点,及时向来球方向跨步移动,接球后要迅速降低重心,衔接下一个进攻动作(图2-16)。

2.动作要点

(1)身体始终处于平衡位置。

(2)接球之前,迅速向来球的方向

图2-16

移动。

(3)手指自然分开,伸臂迎球,触球后引缓冲动作要迅速,另一手及时扶球。

3.常见错误及纠正方法

单手接球时,容易出现的错误及纠正方法见表2-13。

表2-13　单手接球的常见错误及纠正方法

常见错误	纠正方法
接球队员容易脱手失误	单手接球的难度较大,一定要注意伸臂迎球,出球后迅速做后引缓冲动作
球容易被抢断	提前做好接球的准备动作,当防守者紧逼防守时,切忌用单手接球
在接球时走步违例	接球者应该向来球方向移动,接球时要采取跨步急停或两步急停的步法,避免走步违例

第三节　三人制篮球运动的投篮技术

一、概述

投篮是进攻队员将球投入对方篮筐而采取的各种专门动作方法的总称。投篮是主要的进攻技术,是篮球比赛中得分的唯一手段,是一切技术、战术运用的最终目的和全部攻守矛盾的焦点,是整个篮球技术体系的核心。其主要包括持球方法和投篮动作方法两部分。

随着现代三人篮球的发展,投篮技术同样发生着与时俱进的变革,出现了一些新的趋势和特点,呈现出投篮难度增加、投篮技术复杂多变、投篮速度快、出手点高、远距离三分投篮的次数增多且命中率提高等特点。

在运用投篮技术时应该注意以下几点。

(1)采取较好的平衡姿态以保持投篮的力量和节奏。从脚尖开始发力投篮,接到球后,通过前脚掌蹬地力量,通过踝关节—膝关节—肩关节—肘关节—腕关节—手指向上传导力量,将球投出。

(2)瞄准投篮目标。投篮时,投出的球要沿着固定的方向(篮筐),投篮手的食指应该是正对着篮筐中心的,同时,大拇指和小拇指应该指向篮筐两侧。

(3)正确的投篮手型及合理的出手动作。手部姿势要正确,双手、双臂要处在正确的位置;手腕处呈 90 度,手肘处呈 90 度,腋窝处呈 90 度。

(4)保持好的出手姿势。三人篮球比赛中,由于快速攻防节奏的变化,手臂和手掌往往无法达到完全标准的程度,但需尽量保持好的出手姿势,以有效增加命中率。

(5)投篮后的跟随动作。出手后要保持出手姿势一下,以提高投篮的稳定性和命中率。

二、投篮技术分类

投篮分为原地投篮、行进间投篮和跳起投篮三种,其中原地投篮又可分为原地单手肩上投篮和原地双手胸前投篮两种,行进间投篮分为行进间单手肩上高手投篮和行进间单手肩上低手投篮两种。具体如图2－17所示。

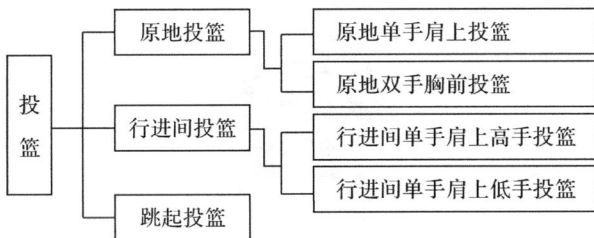

图 2－17

三、投篮技术的持球方法

正确的持球方法是牢固地控制球和完成投篮动作的前提,也是掌握与合理运用投篮技术的前提和重要条件。合理的持球手法应符合下列要求:使球尽可能地在手中保持稳定,便于与其他进攻技术结合,以利于出手时合理、准确地用力。

持球包括单手持球和双手持球两种方法。

1．单手持球方法

此处以原地单手肩上投篮为例。投篮手五指自然分开,手心空出,手腕后仰,大、小拇指间的夹角约为80度,以扩大对球的支撑面,用指根及其以上部分托球的后下方,将球体的重力作用线落在食指和中指的指根部分。肘关节自然下垂,另一只手扶球的侧上部,置球于同侧头或肩的前上方(图2－18)。

图 2－18

2.双手持球方法

此处以原地双手胸前传球为例。两手手指自然分开,拇指相对呈"八"字形,用拇指以上部位握球的两侧后下方。手心空出,两臂自然屈肘,肘关节下垂,置于球和下巴之间(图2-19)。

图 2-19

四、投篮技术动作方法

(一)原地单手肩上投篮

原地单手肩上投篮是其他各种投篮方法的基础,具有出手点高、便于结合其他技术动作和不易被防守的特点,是应用较广泛的投篮方法。

1.动作方法

此处以右手投篮为例。右脚在前,左脚稍后,两膝微屈,重心落在两前脚掌上。右手五指自然分开,翻腕持球的后部稍下部位,左手扶在球的侧上方,举球于同侧头或肩的前上方,目视球筐,大臂与肩关节平行,大、小臂之间约呈90度,肘关节内收。投篮时,下肢蹬地发力,身体随之向前上方伸展,同时抬肘向投篮方向伸臂,手腕前屈,手指拨球,将球柔和地从食指、中指指端投出。球离手后,提起脚跟,手臂要随球自然跟送(图2-20)。

图2-20

2.动作要点

(1)上下肢协调用力,抬肘伸臂充分,使身体处于平衡姿势。

(2)手腕前屈,手指柔和地拨球,利用中指和食指控制方向。

(3)注意手臂、手腕、手指的跟随动作。

3.常见错误及纠正方法

原地单手肩上投篮时,容易出现的错误及纠正方法见表2-14。

表2-14　原地单手肩上投篮的常见错误及纠正方法

常见错误	纠正方法
在出手时,非投篮手用力推球	在投篮中,非投篮手仅仅参与托球动作,要注意保持非投篮手的掌心向内,拇指对着自己的头部,可避免非投篮手用力
投出的球弧线较平或经常碰到篮筐的前沿	在投篮时,肘关节要引导前臂向上伸展,投篮手指要向篮筐的前上方用力拨球

常见错误	纠正方法
右手投篮者投出的球偏向球筐的左侧	投篮手的食指应该是正对着篮筐中心的,大拇指和小拇指应该指向篮筐两侧,同时,还要确保投篮手的肘关节内收,处在球的下方,并且合理运用跟随动作
投出的球较短,不能到达目标	注意投篮出手动作要连贯,要运用前脚掌蹬地力量,向上传导,还要运用跟随动作,注意力集中在篮筐上
右手投篮者投出的球偏向球筐的右侧	其原因往往是投篮时手心部位接触了球,没有使球旋转,造成向侧上方推球,或是投篮时没有运用下肢力量

(二)原地双手胸前投篮

原地双手胸前投篮可以充分保持投篮前持球的稳定,运用全身的力量完成投篮动作,也便于和传球、突破相结合,但由于投篮时持球和出手部位较低,容易被防守方干扰。

1.动作方法

双手持球于胸前,肘关节自然下垂,两脚左右或前后开立,两膝微屈,重心落在两脚之间,目视瞄准点。投篮时,两脚蹬地,上肢随着脚蹬地向前上方伸展,两手腕同时外翻,拇指下压,手腕前屈,食指、中指用力拨球,使球通过拇指、食指、中指指端投出。球出手后,两手自然向下向外翻,脚跟提起,随投篮出手方向身体自然伸展(图 2－21)。

2.动作要点

(1)自然屈肘下垂,投篮时两臂用力均衡。

(2)前臂内旋,手指拨球用力与下肢动作要协调一致。

(3)瞄准投篮目标。

(4)注意手臂、手腕、手指的跟随动作。

图 2-21

3.常见错误及纠正方法

原地双手胸前投篮时,容易出现的错误及纠正方法见表 2-15。

表 2-15 原地双手胸前投篮的常见错误及纠正方法

常见错误	纠正方法
双手胸前投篮时,容易偏离目标	首先强调瞄准篮筐的重要性,其次强调投篮时两臂要同时均衡发力
投出的球撞击球筐的力量太大	要注意掌心不能触球,两手的拇指要放松,要通过大拇指下压,使球向后旋转,经过食指出手
投出的球较短,不能到达目标	投篮时,要注意运用腿部力量,出手动作要连贯,注意跟随动作的运用,注意力要集中在篮筐上
投出的球碰到球筐前沿或球的轨迹弧线较平	在投篮时,要瞄准篮筐的前上方出手,运用腿部力量,把握投篮节奏,确保手腕处在球的下面,并且合理运用跟随动作

(三)行进间单手肩上高手投篮

行进间单手肩上高手投篮是比赛中广泛应用的投篮方法,一般于突破后或者切入篮下时使用。

1.动作方法

此处以右手投篮为例。右脚跨出一大步的同时接球,接着左脚跨一小部并用力蹬地跳起,右腿屈膝上抬,同时举球至头上方,当身体接近最高点时右臂向前上方伸展,手腕前屈,食指、中指用力拨球,通过指端将球投出(图2-22)。

图2-22

2.动作要点

(1)动作节奏清晰,起跳充分。

(2)向篮筐移动。

(3)瞄准篮筐。

(4)举球、伸臂、屈腕、拨球动作连贯,用力适度,完成动作。

3.常见错误及纠正方法

行进间单手肩上高手投篮时,容易出现的错误及纠正方法见表 2-16。

表 2-16　行进间单手肩上高手投篮的常见错误及纠正方法

常见错误	纠正方法
为了靠近篮筐,起跳时步子过大	要注意减少起跳的步幅,以有利于向上跳起,更好地保持身体的平衡状态,避免身体前冲
运动员向篮板投球的力量较大	行进间高手投篮不易控制。要注意,在跳起后最接近篮筐的地方投篮,保持身体的平衡状态,避免身体前冲,充分利用手指拨球进行投篮
投出的球不能落入篮筐而是滚出篮筐	要注意在瞄准篮筐后,避免非投篮手参与投篮动作,非投篮手要在球离开投篮手之前迅速离开球,还要保证在做跟随动作时投篮手的拇指向下

(四)行进间单手肩上低手投篮

行进间单手肩上低手投篮是在快速跑动中超越对手后在篮下时最常采用的投篮方法,具有动作速度快、出手稳定性高等优点,多在突破后使用。

1.动作方法

此处以右手投篮为例。右脚跨出一大步的同时接球,接着左脚跨一小步并用力蹬地起跳,右脚屈膝上抬,身体重心前移,双手向前上方举球。当身体接近最高点时,左手离球,右手外旋,掌心向上托球,并充分向篮筐上方伸展,接着屈腕,食指、中指用力拨球,通过指端将球投出(图 2-23)。

2.动作要点

(1)向篮筐方向移动。

(2)节奏清晰,起跳充分。

图 2 - 23

(3)瞄准篮筐。

(4)指腕上挑动作要协调,完成动作。

3. 常见错误及纠正方法

行进间单手肩上低手投篮时,容易出现的错误及纠正方法见表 2 - 17。

表 2 - 17 行进间单手肩上低手投篮的常见错误及纠正方法

常见错误	纠正方法
为了靠近篮筐,起跳的第二步步幅过大	要尽量控制第二步的步幅,便于向上跳起,保持身体平衡,避免身体前冲过猛
在持球上篮时,存在左右晃动的情况	如果在低手投篮中左右晃动,容易被对方抢断,要注意向前移动时对球的保护
投篮时球的力量过大	低手投篮是一种比较柔和的投篮方法,强调在跳起的最高点,运用手腕、手指的力量,将球轻柔地向上磕碰于篮板上,反弹入篮筐

(五)跳起投篮

跳起投篮,简称跳投,具有突然性强、出球点高和不易防守的优点,可与传球、运球突破等动作相结合,也可与原地、行进间急停或背对篮筐接球后转身等动作结合运用。原地跳起单手肩上投篮是在原地单手肩上投篮基础上的一种投篮方式,也是现代篮球运动普遍运用的投篮方式之一。

1.动作方法

跳起投篮动作方法与原地单手肩上投篮相同,只是跳起在空中完成投篮动作。此处以右手投篮为例。两手持球于胸前,两脚左右开立或前后开立。两膝微屈,重心落在两腿之间。起跳时,迅速屈膝,脚掌用力蹬地向上跳起,同时双手举球到右肩上方,右手持球,左手扶球的左侧方,当身体接近最高点时,左手离球,右臂向前上方伸展,手腕前屈,食指、中指拨球,通过指端将球投出。落地时屈膝缓冲(图2-24)。

图2-24

2.动作要点

(1)起跳垂直向上,起跳与举球、出手动作应协调一致。

(2)身体处于平衡姿态。

(3)出手动作。

（4）跟随动作。

3.常见错误及纠正方法

跳起投篮时，容易出现的错误及纠正方法见表2-18。

表2-18　跳起投篮的常见错误及纠正方法

常见错误	纠正方法
在跳起时身体过分前冲	要强化向上起跳并落回原处的练习。在训练中，在地板上贴上胶带，使训练变得更加直观——从何处起跳再落回到何处
跳起投篮时起跳与举球、出手动作脱节	动作的掌握不熟练，或者身体未处于平衡状态，训练中要强调动作的一致性和协调性

第四节　三人制篮球运动的突破技术

一、概述

持球突破技术是持球队员运用脚步动作和运球技术等相结合，快速超越对手的一项攻击性很强的技术。持球突破主要由持球动作（运球和双手持球、单手持球等持球动作）、蹬跨脚步、侧身探肩、推放球、加速移动等五个技术环节组成。持球突破技术与投篮、传、假动作等技术动作结合起来，将使持球突破技术更加灵活多变，从而显示出持球突破技术的攻击性。

在持球突破时，应该注意以下几个问题。

（1）抬头或用余光观察场上局势，做出最正确的选择。

（2）保持身体的平衡。

（3）蹬跨、转体探肩动作要协调连贯，且速度要快。

（4）应根据防守人的站位来判断对手的防守重心，以选择合适的突破方式与路线。

二、突破技术的分类

持球突破技术按照原地和行进间可分为两类,即原地持球突破和行进间持球突破,其中,原地持球突破分前转身突破和后转身突破两种,行进间持球突破分为持球交叉步突破和持球顺步突破两种。具体如图2-25所示。

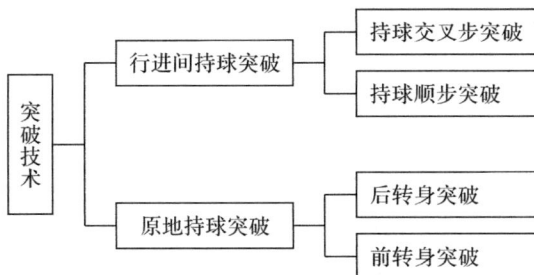

```
                                    ┌─ 持球交叉步突破
                    ┌─ 行进间持球突破 ┤
                    │               └─ 持球顺步突破
        突破技术 ────┤
                    │               ┌─ 后转身突破
                    └─ 原地持球突破 ──┤
                                    └─ 前转身突破
```

图 2-25

三、突破技术动作方法

(一)持球交叉步突破

1. 动作方法

此处以右脚为中枢脚为例。突破时,左脚以刺探步的动作向前方跨出半步,做向左突破的假动作,当对手重心向右移时,左脚前脚掌内侧迅速蹬地,向对手左侧跨出一大步,同时上体右转探肩,贴近对手;球移至右手,向左脚右斜前方推放球,右脚迅速蹬地跨步,加速超越对手(图2-26)。

2. 动作要点

(1)降低重心,身体保持平衡状态。

(2)眼睛要注意观察对手且兼顾场上情况。

(3)假动作要逼真,后蹬有力,起动迅速突然,动作连贯。

(4)突破后快速推球。

图 2－26

3. 常见错误及纠正方法

持球交叉步突破时，容易出现的错误及纠正方法见表 2－19。

表 2－19　持球交叉步突破的常见错误及纠正方法

常见错误	纠正方法
突破时，脚尖方向错误，造成转体过大	注意把握好脚尖的方向，脚尖的指向方向应是突破后行进的方向。同时要用肩部贴近对手，保护好球
突破时，侧身、探肩不充分，身体重心过高，后蹬不足，无法迅速加速	在突破训练中，先分解动作进行练习，再通过反复进行组合动作练习，强调动作环节衔接，形成动力定型

(二)持球顺步突破

1. 动作方法

此处以左脚为中枢脚为例。突破时，左脚内侧蹬地，右脚迅速向对手左侧方跨出一大步，同时向右侧转体探肩，重心前移，球移至右手并推放球于右脚斜前方，用身体和左手臂保护球，左脚迅速跨步抢位，加速超越对手(图 2－27)。

图 2-27

2.动作要点

(1)身体要保持平衡状态。

(2)眼睛要注意观察对手且兼顾场上情况。

(3)起动突然,跨步、推放球快速连贯。

3.常见错误及纠正方法

持球顺步突破时,容易出现的错误及纠正方法见表2-20。

表 2-20　持球顺步突破的常见错误及纠正方法

常见错误	纠正方法
突破时,侧身、探肩不够,身体重心高,后蹬无力,无法加速	多做徒手模仿练习,体会动作要领,在慢动作中做持球顺步突破练习,逐步加快突破速度
中枢脚离地面过早或中枢脚不以前脚掌作轴,突破瞬间未提踵,造成了走步违例	在顺步突破练习中先运球突破,养成扎实的脚步动作,再进行分解动作练习,强调突破瞬间脚前掌快速蹬地,迅速提踵

(三)后转身突破

1.动作方法

此处以左脚为中枢脚为例。背向球筐站立,两脚平行或前后开立,两膝弯取,身体重心降低,双手持球于腹前。突破时,以左脚为轴后转身,右脚向右侧后方跨步,脚尖指向侧后方,上体后转并压右肩。右手向右脚前方推按球,左脚内侧迅速蹬地,向篮筐方向跨出,换左手运球快速突破防守(图2-28)。

图 2-28

2.动作要点

(1)身体要保持平衡状态,重心平稳。

(2)转身后眼睛要注意观察对手且兼顾场上情况。

(3)转身与突破动作要衔接紧密。

3.常见错误及纠正方法

后转身突破时,容易出现的错误及纠正方法见表2-21。

表 2-21　后转身突破的常见错误及纠正方法

常见错误	纠正方法
在后转身时,身体失去平衡而造成球被抢断	在转身的过程中,要保持重心不要发生起伏,要保持身体的平衡状态和低重心
推放球动作之后,身体及无球手保护球的动作不够,导致球被抢断	转身动作完成后,要利用肩部贴近对手,且注意用无球手保护球
后转身运球时,眼睛低头看球	在做后转身时,眼睛要保持平视,观察对手和场上情况的变化,可以用余光看球
做后转身时,因被包夹而失误	在做后转身时,如遇到双人包夹,应立刻传球,切勿用后转身突破动作

（四）前转身突破

1.动作方法

此处以左脚为中枢脚为例。背向篮筐站立，两脚平行或前后开立，两膝弯曲，身体重心降低，双手持球于腹前。突破时，重心移至左脚，右脚脚前掌内侧蹬地，左脚为轴碾地，右脚随着前转身而向篮筐跨步时，上体左转并压左肩，右手向右脚侧前方推按球，离手后左脚蹬地，向前跨出突破对手。

2.动作要点

（1）身体要保持平衡状态，重心平稳。

（2）转身后眼睛要注意观察对手且兼顾场上情况。

（3）转身与突破动作要衔接紧密。

3.常见错误及纠正方法

前转身突破时，容易出现的错误及纠正方法见表2-22。

表2-22 前转身突破的常见错误及纠正方法

常见错误	纠正方法
前转身时，眼睛容易看球	在做前转身时，眼睛要保持平视，观察对手和场上情况的变化，可以用余光看球
在前转身时，被防守队员切球	在前转身时，应压低身体重心，要注意利用身体和无球手保护好球
前转身动作完成后与衔接的加速推进运球之间有时间间隔	重点训练动作的连贯性，在前转身动作完成后，要迅速加速推进，完成突破动作

第五节 三人制篮球运动的抢篮板球技术

一、概述

篮球比赛中，双方队员在空中争抢投篮未中的球称为抢篮板球。

当进攻队投篮未中,进攻队员争抢在空中的球,称为抢进攻篮板球或前场篮板球;当进攻队投篮未中,防守队员争抢在空中的球,称为抢防守篮板球或后场篮板球。

进攻方如能抢到进攻篮板球,不仅能在对方篮下展开连续的进攻,增加进攻次数和得分机会,而且还可以增加己方队员投篮的信心,提高球队的士气和命中率。防守方抢到防守篮板球,可以避免让进攻方在篮下连续获得球权并进攻的机会,迅速由守转攻,组织反击。同时抢到防守篮板球还能增加外线进攻队员投篮的顾虑,降低对方投篮命中率。

二、抢篮板球技术的分类

抢篮板球技术分为抢防守篮板和抢进攻篮板两类,如图 2-29 所示。

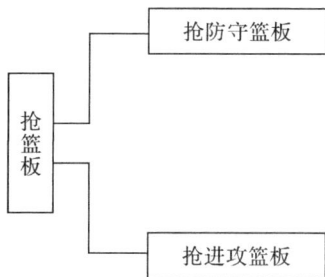

图 2-29

三、拼抢篮板球

(一)抢防守篮板

1.动作方法

抢防守篮板前要保持两脚间距与肩同宽,后背伸直,两膝弯曲;两只手要放在肩膀上方,准备抢球;积极判断进攻人的位置,并抢夺有利位置,防止对方抢进攻篮板。迅速接触到进攻队员后利用身体两侧或背部抵住对手防止其前冲,并让其远离篮下。起跳前先判断球的落点及高度,待球到达可以抢到的高度后再起跳抢球。抢到后落地应该双手紧紧抓紧球,双肘架开扩大自身面积(图2-30)。

图2-30

2.动作要点

(1)身体保持平衡状态,随时准备对抗。

(2)要先确定自己防守的进攻人的位置,防止对方抢进攻篮板。

(3)判断球的落点,重心降低快速移动,待球到达可以抢到的高度后再起跳抢球。

(4)抢到篮板球后应双手紧紧抓住球,双肘自然架开扩大面积。

3.常见错误及纠正方法

抢防守篮板时,容易出现的错误及纠正方法见表2-23。

表2-23 抢防守篮板的常见错误及纠正方法

常见错误	纠正方法
拼抢时不注意顶抢进攻队员,让进攻队员冲入抢前场篮板	注意抢防守篮板前先确定进攻队员位置,并且主动接近对抗,顶住对手不让其接近篮下
抢到球后,被对方队员打掉球	抢到球后应双手紧紧抓住球,时刻防范对方队员掏、打球,同时双肘自然架开,对球进行保护

(二)抢进攻篮板

1.动作方法

预判出球的大概落点,并且向其快速移动。若遇防守人顶抢,则可以利用虚晃等假动作,不要让其顶住自己,再进行冲抢。当球开始下落时注意球下落的时间,在最高点将球抓住或将球点拨给同伴(图2-31)。

2.动作要点

(1)判断球的落点的同时重心降低,随时准备启动或者起跳。

(2)根据球落点位置快速移动,积极对抗,抢占有利位置。

图2-31

(3)遇防守人顶抢时,可以使用虚晃等假动作绕过对手抢得篮板球,或使用点拨球技术拼抢第二落点。

(4)抢到篮板球后应双手紧紧抓住球,选择合理的进攻方式。

3.常见错误及纠正方法

抢进攻篮板时,容易出现的错误及纠正方法见表2-24。

表2-24 抢进攻篮板的常见错误及纠正方法

常见错误	纠正方法
拼抢时处于被动,被防守人顶住后就放弃拼抢	可以使用虚晃等假动作绕过防守人,积极抢占有利位置
当球落点距离自己较远时放弃拼抢	当球落到不利于自己的位置时,可以使用点拨球技术,去抢球的第二落点或者直接点传给队友

第六节　三人制篮球运动的防守脚步

在三人篮球的赛场上，一个好的防守不仅会造成对手失误、违例、扰乱对方进攻节奏；同时对于己方来说，在进攻不利的时候也可以获得更多的自信。当己方进攻端投篮不中、失误被抢断时，队员们依然很有拼劲十足的防守，因为其坚信："坚决防回来"。

三人制篮球比赛中，一支球队的防守水平是取胜的关键所在。因此，年轻队员的防守训练必须要严格，包括如何快速地转换有球防守和无球防守、如何根据持球人和篮筐的位置进行选位等。同时在日常训练中，一定要养成所有队员（包括后备培养的队员）对于防守的积极性，要及时鼓励运动员防守成功后的成就感，培养防守训练的兴趣，逐渐使运动员的攻防水平得到提升。

三人制篮球防守教学训练中，教练员最重要的职责是教会运动员在比赛的实践中，如何选择正确的防守方式，运用不同的防守脚步和运用的防守动作，即通过掌握防守脚步对持球人进行限制并施加防守压力的能力，进而扰乱对方进攻战术，造成对手对比赛节奏的不适应，达到克敌制胜的目的。实战中突然运用贴身防守，提高防守强度，会迫使进攻队员转换进攻方式或者进攻战术，使其被迫把球传走或出现受迫性失误。例如，进攻方战术选择是需要从场地一侧45度向内传球到低位的内线队员，假设防守者可以贴防位于45度的外线队员，不让其接到外线队友的传球，进攻的外线队员一般会选择V字形要球或者其他的摆脱方式要球，从而使其远离擅长的进攻区域，失去了熟悉的进攻位置或者传接球角度，该情况下进攻队员就容易出现受迫性失误。

值得注意的是，防守脚步的练习，必须通过平日的训练点滴积累，并且持之以恒，才能有所收获。

一、身体基本姿势

正确的身体基本姿势不仅有助于保持身体平衡，还是形成良好防守的关键。正确的身体防守基本姿态包括两点内容，即时刻保持低重心和身体平衡。保持低重心的防守姿势可以使身体更快,更灵活,以及具有更强的爆发力。任何影响防守者身体平衡的动作,都会减弱防守能力。因此,要时刻提醒防守者不要轻易地进行抢、打、断球。

1. 动作方法

(1)头部自然抬起,目视前方,观察场上情况的变化。

(2)双脚与肩宽同宽,双脚前后略微错开,一只脚稍微超前于另一只脚。

(3)控制身体重心,身体重量均匀分布在双脚前脚掌上,以使身体保持平衡和快速移动。

(4)膝盖弯曲,大腿与地面成45度角(类似武术中蹲马步)。

(5)后背绷直(避免塌腰),使腰部处于绷直状态的情况下,可以更好地协调上下肢的动作。

(6)一只手臂自然地抬起并放于体侧,以扩大防守面积和阻碍对方的传球路线;另一只手臂放于身体前方,通过手臂动作,给予进攻者干扰(图2-32)。

图 2-32

2. 常见错误及纠正方法

防守时,身体基本姿势容易出现的错误及纠正方法见表2-25。

表 2-25　身体基本姿势的常见错误及纠正方法

常见错误	纠正方法
头部过分紧张	头部自然抬起，目视前方，观察防守人
塌腰	保持低重心防守姿态，绷直后背

二、防守脚步

在三人篮球比赛中，要求队员在比赛的绝大部分时间里，都要进行高强度的身体对抗，并不断地在防守端压迫对手。即使在球权转换时，对手将球运出两分线后，都要求队员积极去防守拼抢。

个人防守能力是整体防守能力的基础。只有当个人防守能力提高之后，全队的防守能力才能得以提升。三人制篮球训练实践中，应该首先把防守训练的重点放在个人防守能力的提高上。值得注意的是，提高防守能力的关键在于发展脚步移动能力。

当队员掌握身体基础姿态后，训练中应逐渐将训练的重点转移到移动中的防守步法方面。通常防守中的脚步有以下几种：后滑步、前滑步、摇摆步和交叉步。

（一）后滑步

后滑步是比赛中最常用的防守步法，通常用后滑步来进行左右移动的防守。通常来讲，后滑步是队员最先需要掌握的脚步。

1. 动作方法

（1）降低重心，保持正确的防守姿态。

（2）移动时，位置靠前的脚的前脚掌蹬地，推动身体向斜后方水平移动。蹬地的同时，位于后侧的脚也蹬地向斜后方滑动。

（3）随后的移动中，两脚前脚掌交替蹬地发力（图 2-33）。

图 2 - 33

2. 动作要点

(1) 后滑步是位于身体前侧的脚前掌蹬地以支撑大部分的移动, 后侧的脚需要跟上节奏, 快速地滑动。

(2) 双脚滑动时, 务必保持低重心的身体姿态, 滑动中双脚位置要略宽于肩宽。

(3) 后滑步的移动中, 双脚应紧贴地面移动, 避免出现跳跃或双脚并步。

3. 常见错误及纠正方法

在进行后滑步时, 容易出现的错误及纠正方法见表 2 - 26。

表 2 - 26　后滑步的常见错误及纠正方法

常见错误	纠正方法
出现身体失衡	滑步练习时, 不允许试图进行抢、打、断球
出现"并步"	后滑步练习时, 运动员必须保持低重心滑动
重心起伏过高	要保持低重心的后滑步练习, 不允许出现"并步"

(二) 前滑步 (攻击步)

前滑步的作用是可以在比赛中迅速完成变向动作, 并且可以有效避免防守队员向前奔跑干扰、封堵从而丧失身体重心,造成"失位"现象。例如,进攻队员接球后,在形成"三威胁"①的情况下,如果防守队员距离持球进攻队员有一定的距离,需要迅速接近持球人,如果采用冲刺跑等方式,就难以做出急停下来或者变向动作,进攻队员可轻易地运用突破或者假动作晃过防守队员,该状况下就需要使用前滑步来迅速接近对手。

1.动作方法

(1)位于身体后侧的脚前掌蹬地,前腿顺势向前由跨至滑步。

(2)在前滑步保持低重心平稳的同时,身体重心要略微后移,以快速做出变向(可以向不同的方向移动),防止直接被持球人突破。

(3)前腿同侧的手臂伸向身体前侧,干扰持球人运球变向或选择举过头顶干扰投篮。后侧腿同侧的手臂张开,以扩大防守面积并干扰对方的传球路线。

2.动作要点

(1)前滑步过程中,要快速判断对手的意图。

(2)在保持低重心的基础上,将身体重心略微靠后。

前滑步移动结束后,要迅速做出随后防守动作。①持球人选择运球,则防守人完成前滑步动作时需要在移动中将身体重心略微后放,以便立刻跟上持球人,并且前侧手臂随时给持球人施加压力,干扰其运球。②持球人选择投篮,防守人需要举高前侧手臂,干扰持球人投篮。同时判断其投篮是否是假动作,如果是假投篮,真突破,则应立刻降低重心并且后移,立刻将前滑步变为后滑步,否则容易直接被持球人突破(图2-34)。

3.常见错误及纠正方法

在进行前滑步时,容易出现的错误及纠正方法见表2-27。

---

① 三威胁,就是进攻队员的动作对防守队员有传球、投篮和运球突破三个威胁。

图 2 - 34

表 2 - 27　前滑步的常见错误及纠正方法

常见错误	纠正方法
前滑步重心前移	移动过程中,应注意重心略微靠后,避免丧失正确的防守位置
重心过高	应该保持低重心移动

(三)摇摆步(后撤步)

三人制篮球比赛中的摇摆步是为应对进攻持球队员运用体前变向运球,突破防守而衍生出来的一种防守脚步。摇摆步防守可以有效避免防守队员被持球进攻队员变向超越。一般来说,多数进攻队员为超越、摆脱防守队员,都会向着防守人的前脚侧变向运球,此时防守队员应运用摇摆步沿着进攻队员的运球方向随时摆动更换其前侧脚和后侧脚,以保证持球进攻队员运球方向的脚始终是其后侧脚,达到更好控制对手的目的。

1.动作方法

(1)防守人在移动中要时刻保持低重心。

(2)对手变向时,立刻以后脚为轴转动身体,将前侧脚撤回到后侧脚之后。

(3)手臂和重心也要随之变换。

(4)防守人前侧手臂干扰对方运球,同时张开后侧手臂,扩大防守面积。

(5)持球进攻队员每次变向,防守队员应通过摇摆步来提前更换自己的前、后侧脚,提前应对(图2-35)。

图 2-35

2.动作要点

(1)脚步动作的关键是通过后侧脚的碾转来实施。

(2)把握手臂和重心及前、后侧脚位置变换的时机。

3.常见错误及纠正方法

在进行摇摆步时,容易出现的错误及纠正方法见表2-28。

表 2-28　摇摆步的常见错误及纠正方法

常见错误	纠正方法
后撤步不及时	要提前预判对手意图
手臂动作不足	强调利用手臂动作维持身体平衡和干扰对手

(四)交叉步

如果持球进攻队员已经超越了防守队员,防守队员处于一个失位状态下,防守队员就需要使用交叉步来追防对手。交叉步的优点是移动幅度大,追防速度快,缺点是如果动作幅度过大,很容易被对方假动作晃过后对方接着变向,导致失位。因此,运用交叉步通常是在追防过程中快速使用几步交叉步,获取正常防守位置后继续使用后滑步或者前滑步控制对手。

1.动作方法

(1)位于身体前侧的脚的脚前掌蹬地,并且以较大横向幅度交叉过后侧腿。

(2)后侧腿由跨至滑,继续向进攻队员与篮筐之间快速滑动。

(3)防守队员身体移动的方向要始终对着进攻队员行进的方向,并且保持低重心。

(4)双臂张开扩大防守面积,同时近球侧手可以给持球人施加压力以干扰对方运球,减慢对方速度,从而迅速回到防守位置上。

(5)当回到正常防守位置后,可以继续使用滑步来控制对方持球人(图2-36)。

图 2-36

2.常见错误及纠正方法

在进行交叉步时,容易出现的错误及纠正方法见表2-29。

表 2 - 29 交叉步的常见错误及纠正方法

常见错误	纠正方法
双脚同时蹬地发力	位于身体前侧的腿应先发力蹬地
重心过高	交叉步始终要保持很低重心和避免重心起伏

第七节 三人制篮球运动的防守技术

一、强侧和弱侧概念

在三人制篮球防守训练与比赛中,强侧和弱侧概念的建立,对于运动员选择合理的防守位置和运用恰当的防守方式极其重要。

有球侧就是强侧,无球侧就是弱侧。弱侧防守时可稍远离自己盯防的进攻队员,强侧有球时,防守队员就需贴近自己盯防的进攻者,并且始终站在持球进攻队员和自己的防守队员连线的中间。例如:在强侧防守中,无球进攻队员的位置比持球进攻队员更贴近篮筐,防守无球进攻队员的防守队员,首先需要采取的防守行动是防止无球进攻队员接球;如果持球进攻队员突破防守,更加接近篮筐时,弱侧的防守队员,则需要及时调整防守位置,向强侧回收、协防、补位,帮助强侧防守队员。

在防守弱侧无球队员时,当强侧进攻者向篮下移动,更贴近篮筐时,绝不能让其轻易地接球;如果进攻者远离篮筐的话,弱侧防守者需要去协防、补位(图 2 - 37)。

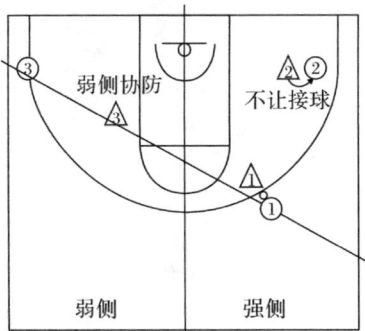

图 2 - 37

二、有球防守

防守对方持球而又未运过球的进攻队员的防守被称为有球防守。在三人篮球比赛中,应迅速摸清对手的主要技术特点,以便采取有针对性的防守策略。如对手中远距离投篮较准,则应紧逼防守,以防投篮为主;如对手善于突破,则应保持适当距离,以防突破为主。在有球防守时,应根据进攻队员的技术特点以及与篮筐的距离、位置等,运用各种步法抢占有利位置,同时控制对手的主攻手。

(一)有球防守的基本要求

有球防守的基本要求如下:

(1)干扰和封阻进攻队员的投篮。

(2)堵截对手的突破,防止对手的突破。

(3)封堵对手向自己的身后传球。

(4)当对手运球停球后,应及时迎上严密防守,并和同伴伺机进行夹击(图2-38)。

图2-38

(二)防守有球队员的基本方法

进攻方队员在三威胁(可以传球、投篮或者运球)的情况下,防守人的主要目标是试图阻止球靠近篮筐。因此,防守人要给进攻人足够的压力,保持接近球一定的距离(约一个手臂的长度),并且要保持位于球和篮筐中间。

1.防守位置的选择

防守队员应位于持球队员与篮筐之间,并且保持防守距离。防守距离要根据有球进攻队员与篮筐距离和技术特征来确定。距离太远,进攻队员可以从容传球;距离太近,进攻方可以直接突破。又如有球队员善投篮则应逼近,有球队员善于突破则应稍后撤。如图2-38所示,防守队员左脚向前,试图迫使有球队员运球到他的右边。

2.防守姿势

防守姿势有平步、斜步防守两种方法。

平步防守姿势,即两脚平行站立,两手臂侧伸或在体前不停挥摆。平步步法的优点是攻击性强,适合于贴身防守。同时,防守面积大,便于向左右移动。

斜步防守姿势,即两脚前后站立,前脚同侧手臂上扬,另一手臂平伸。斜步防守姿势要便于前后移动。

3.注意事项

(1)当持球人开始运球时,防守队员要迅速滑步,保持在进攻者和篮筐之间的合理位置。

(2)防守人重心要低,尽量避免使用交叉步防守。

(3)如果持球人停止运球,防守人要马上贴上去,用手臂来干扰、阻止传球或投篮。

(三)正面投篮的防守——干扰投篮

如果有球进攻队员正面准备投篮,防守队员应该在选择干扰投篮人视线的同时,尽可能去阻挡有球进攻队员投篮出手的路线,如图2-39所示。防守队员的防守步法应该选择上步滑步,重心后移,防止被对方假动作骗起跳后失位。而且要特别注意进攻队员通过假动作晃动骗取防守队员的重心上前,形成突破或造成防守队员犯规。

图 2 - 39

在进攻队员出手后,防守人应该就地卡位顶抢篮板球,防止进攻人抢到弹回来的进攻篮板球。

(四)封盖

在对有球防守技术的运用中,"盖帽"给人留下深刻印象。"盖帽"技术是防守队员弹速、灵活性以及反应等方面能力的综合反映。

1.动作方法

(1)判断有球进攻队员的动作细节与动作节奏。

(2)预判进攻队员下一步的行动。

(3)调整脚步节奏,然后在对手上篮出手的瞬间起跳封盖。

2.注意事项

(1)尽量避免身体接触,选好起跳的角度,既能避免犯规,也能更好地保护自己。

(2)存在危险情况不要随便起跳。

(3)尽量避免正面封盖可能造成的打手犯规。

(五)攻击性防守

三人制篮球比赛时,当三名进攻队员能以大量的快速移动、传球和少量的运球进行攻击时,球队处于最佳进攻状态。当进攻队员出现大量的无攻击目的的运球时,会使防守方有充分的时间做出相应的防守准备,导致所有进攻人都被盯防,三个人都丧失进攻机会。这往往表明进攻队员的犹豫不决,或者对队友缺乏自信,或者运球者运球技术较差。在上述情况下,防守队员应该时刻保持对运球人(有球防守的对象)的压迫式攻击性防守。

攻击性防守是要对进攻方造成最大压力,迫使对手造成更多的失误,扰乱对方进攻节奏。需要注意的是,攻击性防守并非要去犯规,而是要让防守更具有压迫性。

当进攻队员被攻击性防守时,通常进攻会受到很大的限制。要给持球进攻队员实施更大的压力,防守队员应该尝试着迫使进攻队员用弱侧手运球,而不是让其用强侧手运球。除非持球人双手技术都很好,十分自信,否则的话他可能会紧张,从而造成失误。

因此,可以在训练时制定特殊规则:为了鼓励攻击性防守,允许防守队员多一次犯规或攻方运球向篮下进攻不超过 5 次运球,否则判进攻方违例,或者使用其他方法鼓励攻击性防守。

三、无球防守

三人制篮球比赛中,如果防守方想要成功防守,需要三名防守人齐心协力、密切配合。首先防守有球队员,应该是保证不让有球队员突破的前提下,尽量对有球队员施加防守压力,逼迫其不能轻易地传球给其他进攻队员。

(一)防守无球队员的基本要求

(1)人球兼顾,迅速抢占有利的防守位置,对离球和篮筐近的进攻队员实施紧贴防守,迫使其远离球和篮筐。

(2)无球进攻队员在强侧而且比球更接近篮筐的有效攻击区时,其防守队员则要积极堵截进攻队员的移动路线,切断进攻队员的接球路线。

(3)防止对手摆脱、纵切、横切、溜底。

(4)及时果断地进行协防、补防、换防等。

(二)防守无球队员的基本方法

1.防接球

有球进攻队员试图传球给无球进攻队员时,防守队员用一只手和一只脚站在传球路线上,同时保持对球和进攻队员的观察,不允许其接球(图2-40)。

无球进攻队员如果想向后反跑(图2-41),防守队员需要立刻换后侧的手和脚来防止传球,同时转头观察球和进攻人。

图2-40   图2-41

低位防接球时,防守队员一方面用自己身体来顶住无球进攻队员,避免其接近篮筐;另一方面防守队员采用半绕前防守,站在进攻队员的体侧,盯住来球方向,使自己的前脚和手处于传球线路之上,不让进攻队员接球(图2-42)。

防守队员通过全绕前防守(防守人直接站在进攻队员的身前)来阻止进攻者接球,但这样往往会给进攻队员带来争夺篮板球的位置优势(图2-43)。通常进攻的无球内线队员需要多寻找跟外线队员的联系才能调动防守人不绕前防守。

图 2-42

图 2-43

2.协防和回位

防守队员在弱侧防守时,要注意自己防守的无球进攻队员和球的位置关系,要根据球和自己防守进攻队员所处的位置来不断调整自己的防守位置。

三人篮球比赛场上各种情况瞬息万变,并非所有队员始终处于有效攻击区内。比如说防守有球队员的防守队员即将被突破超越,持球队员已经接近篮筐时,附近防守队员需要暂时放弃自己的防守人帮助自己的队友去协防,防止球继续接近篮筐,等其他防守队员回位以后再迅速恢复自己的防守位置。

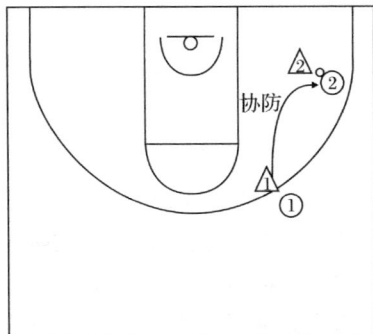

图 2-44

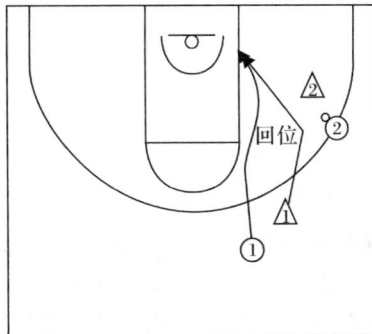

图 2-45

图 2-44 中,队员①为无球队员,无球威胁较小且远离篮筐,不必防止其接球;同时队员②持球准备进攻,在防守队员△的防守存在较大

压力的情况下,防守队员△需要去帮助队友协防,帮助队友去夹击持球队员(不要犯规),让其停球,迫使其将球传给远离篮筐的进攻队员。

图2-45中,如果有球进攻队员②停球或者防守队员△可以独自防守时,那么防守队员△需要立刻找到自己需要防守的队员①并且选好合理位置(根据位置选择防不防止其接球)。如果②把球传或者运到了弱侧,防守队员△需要立刻根据球的位置选择无球防守位置(强弱侧已经转换)。

3.被突破后的协防

防守无球进攻的队员△开始不让进攻队员②接球,但当进攻队员①把防守人△过了之后,防守人△必须去协防堵位(图2-46)。与此同时,防守队员的△和△必须喊话交流是否换人,如果不换人(图2-47),在△的协防下②减速,△立刻快速回位继续防守,然后△回到自己位置上继续防守②。

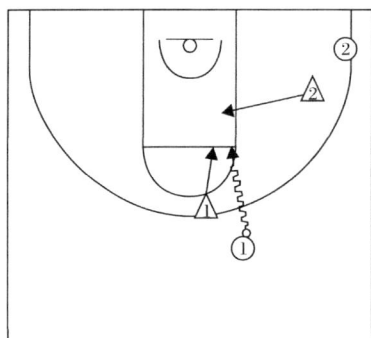

图2-46

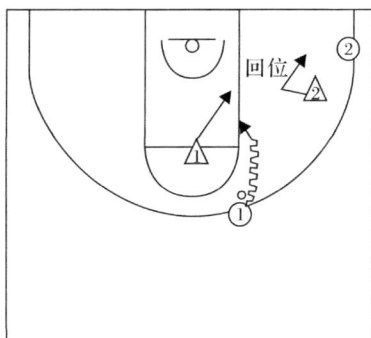

图2-47

4.弱侧协防

弱侧协防位置要选择位于在其防守队员和球之间的中间,并且稍微偏离传球线路,并根据场上变化不断调整位置,以防止持球进攻队员运球突破或者把球传给其他进攻队员。当球移动时,防守队员应迅速重新选位。如果弱侧队员靠近球,弱侧的防守队员就需要从传球路线的中间位置往防守人方向移动。如果弱侧队员懂得正确选位,总是迅速出现在协防的位置上,就会迫使进攻队员放弃运球突破。

弱侧防守队员处于很好的位置上,既可以帮助自己被突破的同伴协防持球队员,也不至于丢掉自己防守的进攻队员。防守队员并不是直接站在传球路线上,而是稍往内收,这样就可以人球兼顾,此时用一只手臂伸向球,而另一只手臂朝着自己防守的进攻队员,扩大防守面积。

如果防守无球队员的防守队员,开始就站在靠近自己防守的进攻队员与球的位置上,一方面自己很可能被自己防守的进攻队员摆脱,另一方面持球进攻队员也会利用防守队员之间形成的空间突破后直接上篮。

防守队员△已经处在较好的防守位置上,既可以帮助△防守持球队员①的上线突破,自己防守的进攻队员②也在△的控制范围内(图2-48)。

如果①把球传给了弱侧的③,强弱侧即发生了转换,根据强侧原则,防守队员△应该立刻回到自己防守的进攻队员②身边,并且不让接球(图2-49)。

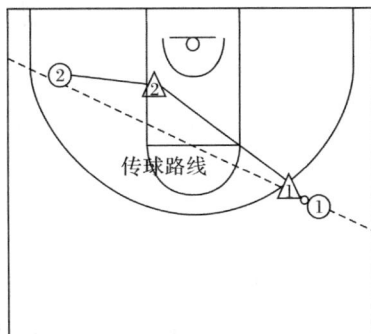

图2-48

如果持球队员①准备远传球给②,那么防守队员△需要立刻从弱侧协防模式转换成强侧防守持球队员。需要注意的是,不能直接直线跑向②,而是要有个向篮下靠近的弧度跑向②,防止进攻队员②直接错位空插到篮下上篮(图2-50)。

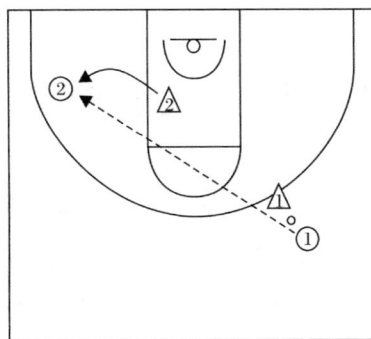

图2-49

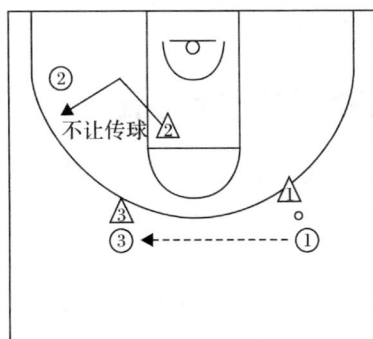

图2-50

第三章 三人制篮球运动的战术

第一节 三人制篮球运动位置划分的特殊性

五人制篮球场上位置具有明确的划分,根据位置分工的不同,将全队12名队员划分为后卫(组织后卫、得分后卫)、前锋(大前锋、小前锋)、中锋(大中锋、二中锋),或者划分为1～5号位,每个位置具有不同的技术特点且主要的活动区相对明确。

三人制篮球上场比赛队员仅3人,替补队员仅1人。在五人制篮球半场的空间内攻守对抗,个人攻击的区域相对扩大,很少依靠高大队员站桩式的打法。因此,三人制篮球的位置分工相对模糊,要求三名上场队员的技术更加全面。

目前学界根据三人制篮球上场比赛队员的位置,将队员大多划分为内线队员和外线队员。要求外线队员既有很强的突破能力和远投能力,同时还要具有很好的传球意识和篮下强攻能力。要求内线队员不仅要具备低位背打能力和中、远投能力,还要具有策应与突破能力。综上所述,五人制篮球分工更为明确,技术特点更加位置化,而三人制篮球位置模糊化,要求队员能里能外,技术要求更为全面。

第二节 三人制篮球运动的队员配置及战术特点

三人制篮球的规则规定,每队报名人员可以有4人,上场队员为3人,场上人员配置可以是两名外线队员加一名内线队员、一名外线队员加两名内线队员、三名都是外线队员等多种情况。但是,移动性、控球能力较差的三名内线队员同时上场的情况,极少在比赛中出现。

一、两名外线队员加一名内线队员配置(两外一内)

(一)战术特点

两名外线队员配备一名内线队员的人员配置亦称两外一内,两外一内进攻战术的主旨仍然是以外线为主的人员安排。其主要特点是移动性较强,全体队员通过整体移动,创造进攻机会。两外一内基础配合更多的是利用突分和空切,内外线的串联主要是通过掩护和内线低位强攻,吸引防守后传至外线远投等方式。

总体来说,两外一内的配置需要全队反复移动,一方面,通过个人突破寻找防守阵型破绽,从而撕破防守抓住进攻机会,让对手疲于防守补人和轮转。另一方面,通过突破、移动或者传球来调动防守人的阵型。

由于具有一名内线队员,对篮下具备一定的保护能力,两外一内防守主要运用人盯人战术。

(二)人员能力方面

两外一内要求外线队员具备较强一对一攻防的个人能力,进攻中速度快,突然性强,机动性高,即外线队员不仅要有良好的突破、突分、掩护、策应、中远投等进攻能力,而且要具备扎实的紧逼盯人、协防补位等防守能力。

外线队员要具有通过个人能力或者掩护后把握机会和创造机会。如在一对一持球进攻状态下要具有直接突破上篮或吸引对方队员的协防后分球的能力,其他外线队员可等待机会接球远投或者空切。

内线队员不仅要具有很强的篮板保护能力,还应具有扩大防守范围的能力;不能死守篮下,要积极参与协防,阻止进攻队员强攻篮下。进攻中,内线队员要具备篮下强攻背打和中远距离投篮及传球策应能力。例如,内线队员在内线强攻时,如果遇到协防,可快速分球给外线队员投篮或外线队员抓住其错位防守的瞬间拉开进攻空间,果断突破。

(三)基本站位及进攻战术

1.同侧站位

同侧站位在三人制篮球比赛中并不多见,由于每个进攻队员站在篮筐的侧面,因此进攻空间较小,不利于战术的展开(空间越大对进攻越有利)。

通常进攻方采用同侧站位,是为实施强攻内线或者内线低位策应外线队员采用空切或空插弱侧设计的战术。同侧站位要求队员之间具备默契配合和近距离传球的能力,特别是内线队员要有较强的内线对抗强攻能力,这样才能吸引防守者的协防包夹,传球给空插、空切的外线队员投篮(外线队员也可以空插至弱侧)。

位于弧顶的外线队员,传球给位于45度的外线队员,与此同时内线队员在低位要球强攻,尽可能地去吸引协防队员(图3-1A)。内线队员篮下强攻,与此同时45度的队员传球后去给弧顶的外线队员做掩护,然后转身空插要球,位于弧顶的外线队员利用掩护摆脱防守后可移动至零度角接球投篮。内线队员在强攻时,要注意队友空位机会及时分球(图3-1B)。

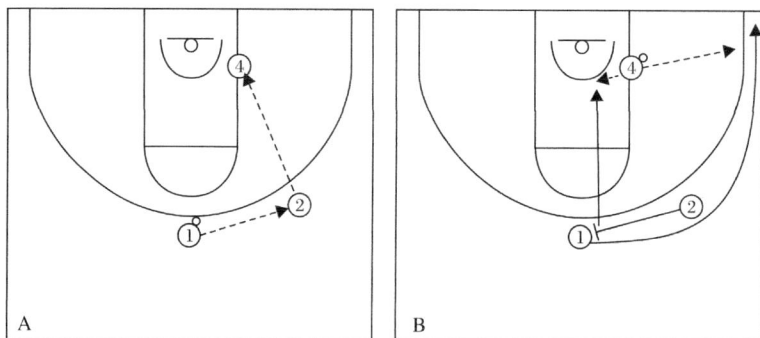

图3-1

2.对侧站位

三人制篮球比赛中,对侧站位是最为常见的站位方法。对侧站位时,每个进攻队员充分利用场地的空间穿插跑动,运用突破、突分、掩护、策应等机动灵活的进攻战术,使防守队员难以形成协防。本书主要按照内线队员的高、低落位来做区分和举例。

当内线队员处在低位接球后,不仅达到了对篮筐的最大威胁,同时也会吸引附近的对方外线防守队员的协防,具有较强的牵制作用。当内线进攻队员在低位接球时,进攻方的主要打法应该是通过接球后的内线队员作为轴心点,内线队员同时吸引协防后,伺机分球给外线进攻队员投篮。需要注意的是,如果内线队员在低位要球,很可能导致外线队员持球突破后没有足够的空间直接上篮或者突破分球。

当内线队员在高位时,虽然内线队员对篮筐的威胁下降了,但是为篮下腾出了空间,外线队员可以运用个人突破直接上篮或者突破分球,外线队员成为进攻的发起者和进攻核心;也可以选择使内线进攻队员上提掩护,外线队员进行掩护后空切。

1)内线低位

如图 3 - 2 所示,内线低位站位首先要求内线队员具有篮下强攻能力和内线策应技术,而一名外线队员应具有相当的身体对抗能力,可以与内线队员相互掩护,使防守方形成换防,外线队员在弧顶接球后,通过外打内,攻击对方换防而来的内线防守队员。

一名外线进攻队员①位于弧顶,另一名外线进攻队员②位于球场一侧45 度的位置,内线进攻队员位于低位(三秒区附近,接近篮下)位置,内线进攻队员④的目的是,接球吸引防守人协防,或攻击篮筐,或伺机通过内传外给外线队员创造投篮机会(图 3 - 2A)。

外线进攻队员①位于弧顶持球,外线进攻队员②位于球场一侧 45度的位置,内线队员④位于另一侧的篮下低位。内线进攻队员④的目的是通过②号队员的掩护,为自己创造接球机会,外线进攻队员①运球至位于强侧 45 度的外线进攻队员②位置的同时,外线队员②切入篮下给内线队员④做挡拆掩护,内线队员④利用掩护,到达强侧篮筐下要位(图3 - 2B)。

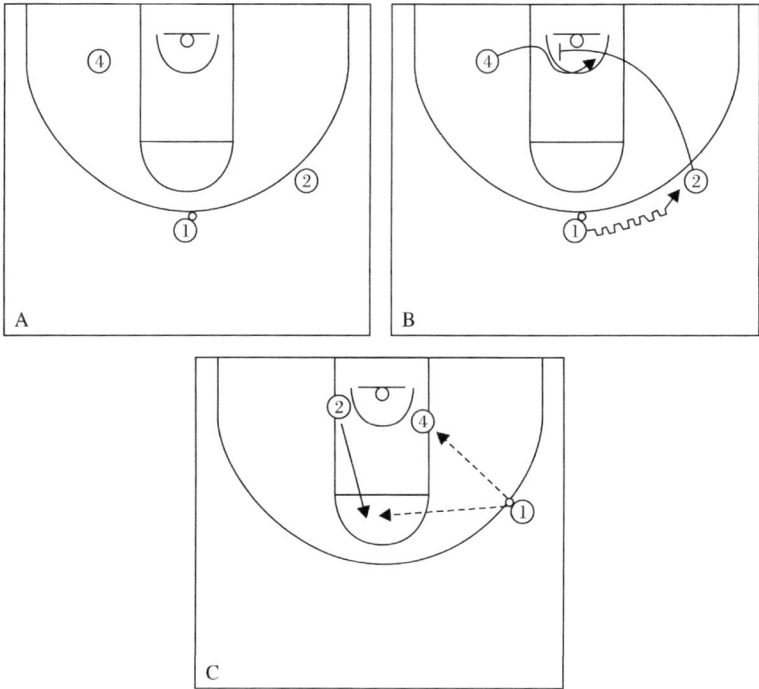

图 3 - 2

外线队员在篮下做完掩护后立刻上提到弧顶要球(图 3 - 2C),若对方队员防守出现换人的情况下,会形成两个错位,即一边是内线队员④强攻换防的防守的外线队员②的人员,一边是上提到弧顶的外线队员②。若传球给外线队员②,其可以通过速度来突破换防的内线防守队员;若传球给内线进攻队员④,其可以通过以大打小,强攻篮下。如果没有形成换位,内线队员④在接球后也可以选择强攻篮下或伺机传球给外线有机会的队员投篮。

2)内线高位

如图 3-3 所示,内线高位需要进攻方具备一名单打能力强、运球突破能力突出的外线队员作为进攻核心,而另一名外线进攻队员要具有突出的远投能力。内线队员要有篮下强攻和中距离投篮的能力。

当两名外线队员位于球场两侧时,若内线队员为拉空内线提至高

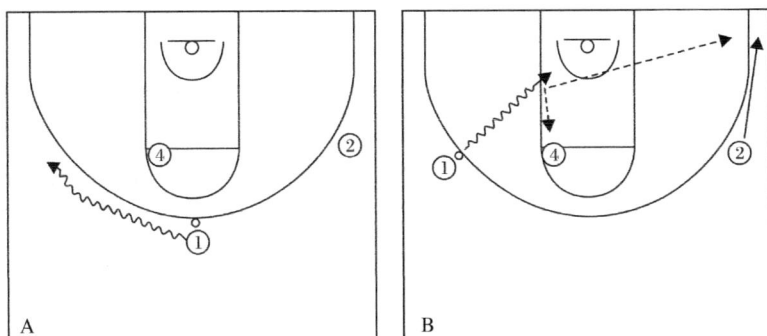

图 3-3

位(罚球线附近),为外线持球进攻队员创造了单打或突破或突分的空间。外线队员①持球从弧顶运球到一侧 45 度的位置(图 3-3A),但不停球,内线队员④上提至同侧罚球线装作接球拉空篮下,而外线队员②在另一侧 45 度位置接应等待。持球外线队员①一打一运球突破(图 3-3B)直接上篮,如果遇到协防则选择分球给罚球线的内线队员④,④接球后,利用内线防守人失位的瞬间选择中投或者持球面筐强攻,①或传球给伺机下到 0 度角的外线进攻队员②,②接球投篮。

3)高位策应

高位策应站位要求进攻方具备相当的默契程度。内线队员具有策应、手递手传球、篮下强打、后掩护等能力,外线队员要有突出的远投能力和突破能力。

如图 3-4 所示,当两名外线队员位于球场两侧,内线进攻队员④上提至无球弱侧罚球线附近接球,④接球的同时,注意同侧外线进攻队员②的背插。由于此时篮下空间被拉开,防守方的注意力都集中在持球人和罚球线接球的内线队员上面,无球弱侧的外线进攻队员此时具备背插的时机。若无空插机会,外线进攻队员②立刻提上到篮下进攻队员④身边,通过手递手传、接球突破上篮,或寻找下顺到弱侧 0 度角的外线进攻队员①,内线队员④通过手递手传球给②后,也可以转身给防守外线进攻队员②的身边做掩护,形成挡拆错位后,内线队员④下顺要球强攻篮下。

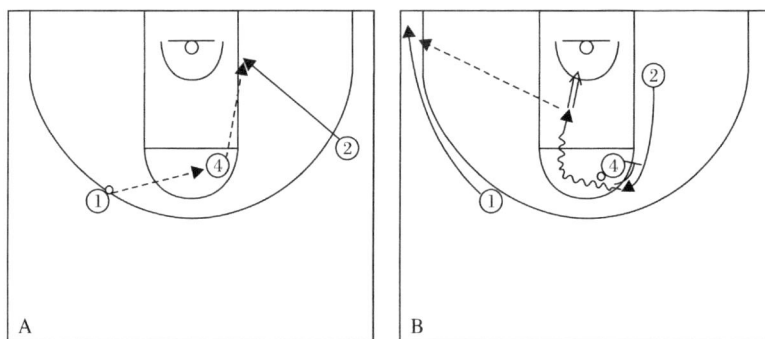

图 3 - 4

二、一名外线队员加两名内线队员（两内一外）

（一）战术特点

一名外线队员配备两名内线队员的人员配置亦称两内一外，两内一外进攻战术的主旨是利用高举高打的打法，强攻内线，以限制区内进攻为主。其主要通过外传内的传球或两名内线之间内传内的渗入性传球，强化篮下进攻和对篮板球的控制。由于两内一外整体灵活性和移动性相对较差，需要外线队员具备良好的移动、远投、传球能力。实战中外线队员可以利用两名内线队员善于掩护的特点，通过挡拆配合进行攻击。

但是，两内一外的阵容应对远投较准的球队具有一定的劣势，需要对阵容进行调配。

（二）人员能力方面

两内一外阵容要求外线队员的能力非常全面，要求外线队员具备较强一对一攻防的个人能力，如起动速度快、突破突然性强等。

两内一外阵容配置中，由于内线队员移动速度慢，无法适应三人篮球的快节奏，防守时往往会出现失位等问题，进攻中又经常出现掩护、到位不及时等情况。因此,外线队员如何把两名内线队员组织起来,形成最大进攻优势,是首要解决的问题。所以,需要外线队员拥有很强的组织能力,通过传球串联起球队,发挥本队内线优势,并且外线队员还要有精准的远投能力。另外,内线队员需要有强壮的身体和灵活的篮下强攻手段,从而吸引强侧防守人协防,还需要具有中、远距离投篮和策应传球能力。

(三)基本站位及进攻战术

1.同侧站位

两内一外阵容配置中,同侧站位需要外线队员具有利用掩护突破得分或者吸引协防,突分给两名内线的能力,一名内线进攻队员能在内线寻找接球机会低位单打,另一名内线进攻队员具有中投和在罚球线面对篮筐突破单打的能力。

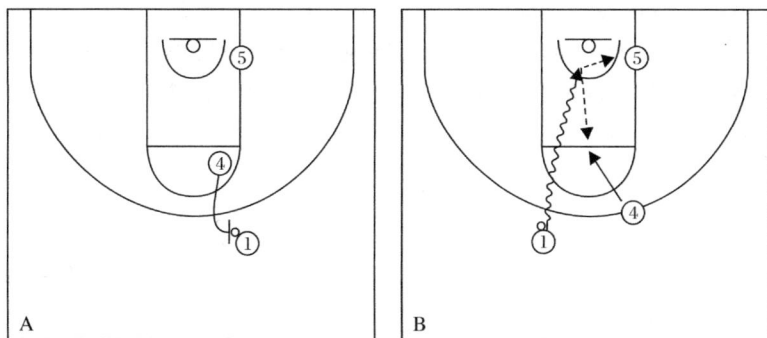

图 3 - 5

两大一小的同侧站位在三人篮球比赛中比较少见,同侧站位的主要目的是通过一个内线进攻队员④上提弧顶,给外线进攻队员①做侧掩护,另一名内线队员⑤在同侧低位位置。如图 3 - 5 所示,④掩护后,挡拆至弱侧准备接球,外线进攻队员①可以选择利用内线进攻队员④的掩护到弱侧半场一对一突破后直接上篮,遇到协防可以传给一直位于篮下的内线进攻队员⑤篮下强攻,⑤也可以选择传球给下顺到罚球线的内线进攻队员④中投。

2. 对侧站位

1）双高站位

双高站位要求外线队员要能够掌控场上局面,能够审时度势地选择分球或者个人进攻,即利用掩护突破进攻,或突分或投篮。内线进攻队员要求具有远投、掩护及其利用掩护跑出空位后内传内的传球、篮下攻击等能力。

双高站位,顾名思义是两名内线队员上提至弧顶两侧的三分线附近位置进行掩护,拉空篮下区域,内线队员根据防守位置选择其中一路（通常选择有远投能力的内线队员）利用掩护突破尝试上篮（图3-6）。如果突破到内线没有机会则不要停球,等待外侧的内线,⑤号队员给④号队员做掩护后,内线队员④号拉至另一侧的45度,如果没有换防,防守人跟不上,则三分线外是个远投机会,而⑤号队员在掩护完后如果换人,则可以直接转身把防守人背到身后,直接下顺要球,和①号队员形成一个二打一的机会。①号队员在突破到低位不要停球,根据内线队员的掩护情况等待机会,根据位置选择合理的进攻机会。

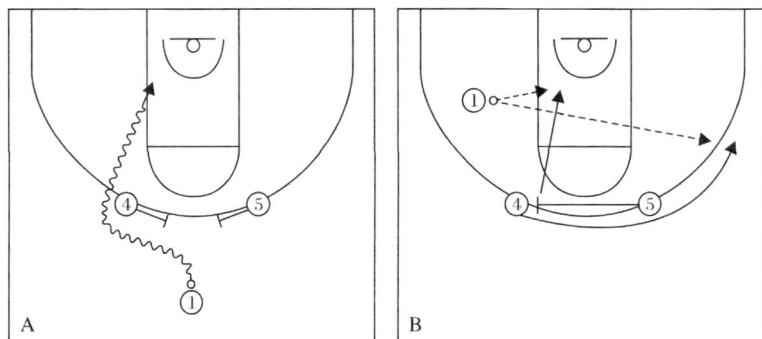

图3-6

2）双低站位

双低站位是指战术发动阶段两名内线队员都分别落位于篮下低位两侧位置,把内线队员的篮下威胁力发挥到最大,当对方防守队员选择绕前防守时，另一名内线队员可以上提策应，建立内线之间的联系，形成高低位的内传内配合。

双低站位要求两名内线队员中必须具备一名擅长低位强打的内线队员⑤号，该内线队员低位接球威胁大，背身单打成功率高，迫使对方防守的内线队员必须选择绕前防守，由于⑤号队员挡住自己的防守人，身后的篮下被拉空，④号队员上提罚球线，处在高低位的位置（内传内）往篮筐方向吊传球（需要吊传空中越过防守人），⑤号接球后即可直接攻击篮筐，需要注意的是，④、⑤号两名内线队员之间内传内配合时，必须拉开 4～5 米的距离（否则内传内配合，一名防守人即可对二者同时干扰）。若防守④号的防守人去协防⑤号，④号进攻队员可以选择直接投篮。

内传内的配合如下：①号外线队员运球到有篮下强攻能力的内线队员同侧 45 度角向其传球，内线进攻队员得球向篮下强攻（图 3－7A）；若⑤号内线进攻队员的防守人选择绕前防守，位于 45 度的①号外线进攻队员无法直接传球给⑤号内线进攻队员，此时另一侧低位的④号内线进攻队员，立刻上提至罚球线接球策应（图 3－7B），①号外线进攻队员立即传球给④号内线进攻队员，④号接球同时直接往篮下高吊球，⑤号内线进攻队员直接转身把防守人背在身后，④号队员通过高低位传球给⑤号内线进攻队员，⑤号内线进攻队员接球后篮下投篮。

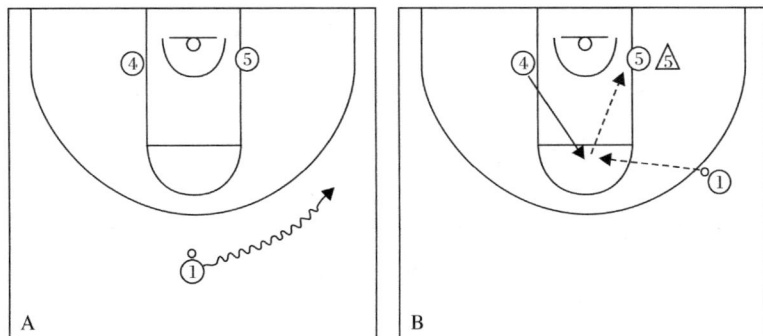

图 3－7

3.常规高低位

高低位是两内一外人员配置中比较常用的站位方法,高低位站位方法要求三名队员都有比较全面的能力和良好的默契程度。外线队员需要具有突出的瞬间把握时机突破、突分、接应等能力,内线队员需要具有高质量的挡拆水平及掩护后迅速转身下顺要球技术,以及及时分析判断场上形势的能力。

高低位配合如下:

⑤号内线进攻队员低位要球,④号内线进攻队员位于罚球线策应(衔接内外线),①号外线进攻队员运球到低位内线队员所在一侧的45度角,可以选择向内线传球强打或呼唤低位中锋上提掩护,拉动防守⑤号内线进攻队员的防守人移动,进而拉空内线(图3-8A)。

①号队员利用⑤号内线掩护由上线突破(图3-8B),如果防守方换防,可利用外线进攻的脚步优势以小打大直接上篮,也可以选择在三秒区附近急停跳投,或观察挡拆下顺的⑤号内线进攻队员和在罚球线接应的④号内线进攻队员的位置,伺机传球给④或⑤号内线进攻队员。

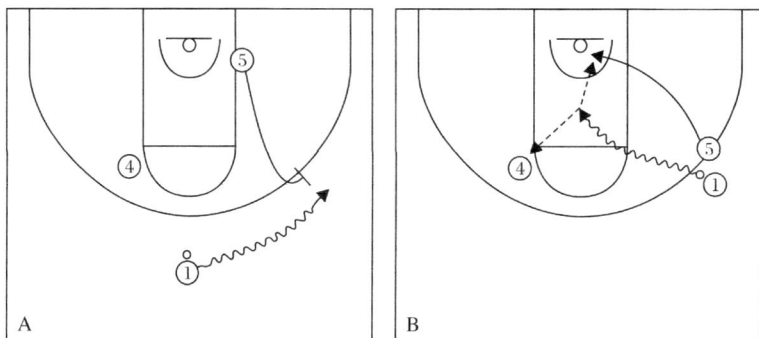

图3-8

三、三名外线队员

（一）战术特点及人员配置

在比赛临近结束比分落后全力拼三分的时段或内线队员受犯规困扰、体能不足、出现伤病等状况下，会偶尔出现三名外线小个队员同时上场的情况。但是，拥有较高身高和较大体重、能突善投、敢于拼抢、敢于对抗的三名外线队员的球队，成为目前各级球队追求的人员配置的目标。

三名具有高度、速度、体重、技术的外线队员，在比赛中会利用各种穿插跑动、空切、空插、掩护、策应、突破、突分寻找传球的角度和机会，伺机利用突破后急停等个人技术或各种配合方式寻求投篮攻击的机会。通过进攻节奏转换的快速性、灵活的机动性、攻击手段的多样性及稳定性、防守的拼斗性，不断消耗对手体能或者打击对手信心，获取最后的胜利。该配置十分符合现代三人制篮球发展的趋势。

该人员配置在三人制篮球的赛场上具有明确的特点，即移动性好、攻守转换快、战术随机性强等，会给防守方造成极大的冲击。同时，该配置也存在短板，即内线队员身高和体重不占优势，内线防守和争夺篮板球不占优势。

该配置要求三名外线队员都应具备高度、速度、体重、技术，以及较强的突破、突分、一对一对抗、协防等能力，其中至少两名队员不仅有一定身高且身体强壮（参照通常在五人制篮球里3、4号位的摇摆人），以顶防对方内线队员和应对内线篮板球的争夺，同时该队员还应具备高超的控球和远投能力，以提高全队的移动性。

（二）站位及战术

同侧站位并不适应于三名外线队员发挥移动性和单打能力强的特点，因此，三名外线队员需要变化进攻站位，拉开进攻空间。除发球队员位置外，其他两名外线队员所在位置，通常选择两侧45度及弧顶和底角站位。

1.弧顶站位

弧顶站位要求三名进攻队员具有娴熟而全面的外线技术,能突善投,尤其是把握进攻机会的能力。三名外线进攻队员弧顶站位,一般运用绕"8"字配合,破坏防守方的紧逼。三名队员互相之间手递手传球后掩护,当使对方防守人出现防守失位等漏洞时,进攻队员实施突破或投篮等进攻方式,完成攻击。

在防守方实施人盯人紧逼防守,不允许外线进攻队员在两侧45度接球情况下,三名外线进攻队员往往采用弧顶站位进攻方式。通过三名外线进攻队员之间绕"8"字跑动,在空间较小的范围内,反复手递手传球后的掩护,寻找机会直接突破或投篮,形成攻击的站位方式。

具体方法如下:三名外线队员位于三分线外45度角与90度角之间,持球进攻队员位于弧顶处,其他两名进攻队员分别位于弧顶的两侧。进攻队员之间间隔3~5米,持球进攻队员可以任意向一侧的进攻队员方向运球,当两者身体接近后,运球进攻队员手递手传球给无球的外线队员接球,运球进攻队员传球后,立即给接球队员进行侧掩护。接球队员向另一侧的无球进攻队员方向运球,进行手递手传球、掩护,形成绕"8"字的移动进攻(图3-9)。

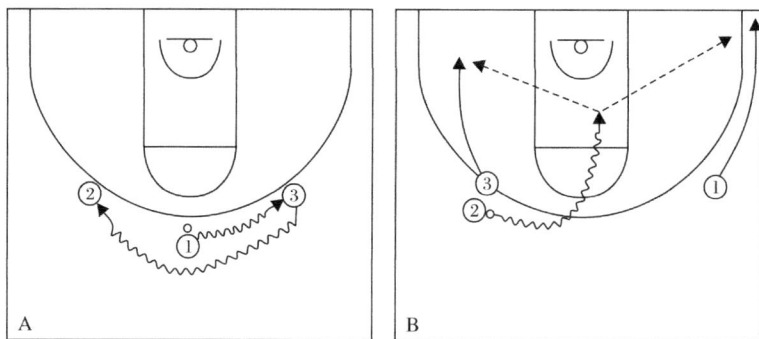

图3-9

由于防守人在掩护的瞬间从防守无球人变成防守有球人,且进攻队员手递手传球空间小、速度快，防守人不容易判断且难以断球，在掩护的瞬间对于防守目标，防守人选择换人还是挤过难以瞬间判断，容易形成防守人的暂时失位，使持球进攻队员有时间、空间从容投篮或直接突破。

2. 底角站位

两侧底角站位方式的特点是三名战术进攻队员之间距离远，篮下会形成较大的空间。两侧底角站位是进攻方有一名技术全面，特别是突破、突分、单打能力超群的外线队员时，常采用的站位方法。

如图 3-10 所示，进攻方①号进攻队员技术能力最强，①号进攻队员一般在弧顶位置持球。其他两名外线进攻队员分别位于篮筐两侧的 0 度角，将篮下空间拉空，扩大①号队员进攻空间。

①号进攻队员突破△号防守队员后，将吸引任意侧防守队员进行补防，①号进攻队员可以选择急停跳投或突破分球给补防一侧的进攻队员，接球后的进攻队员原地接球进行投篮。

如果两侧防守队员均进行补防，①号进攻队员应快速选择传球方向（利于接球后进攻的一侧）。

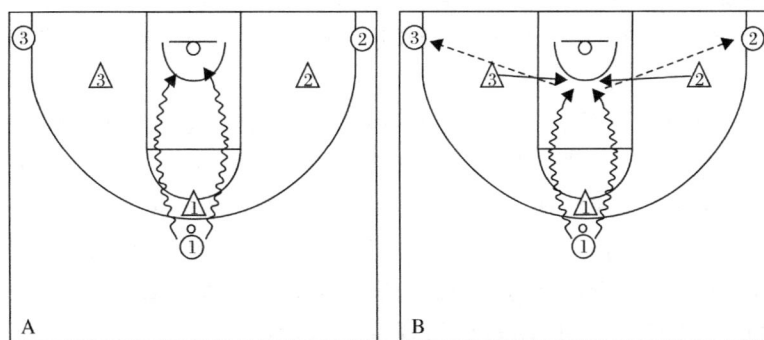

图 3-10

第四章　三人制篮球运动员的体能训练

　　三人制篮球项目是一项以投篮得分为目的、攻防快速多变的力量对抗型项目。其中,快速多变是灵魂,技术对抗是手段,身体对抗是基础,速度力量是三人制篮球比赛的保障。虽然三人制篮球比赛持续的时间较短,一场比赛仅为10分钟。但通常一个比赛日参赛队需要在规定的时间内,参加多场比赛,且每场比赛之间的休息时间较短,因此三人制篮球比赛是一项具有高强度且间歇恢复时间短的对抗型比赛。这就需要参与者具有良好的体能储备。

　　因此,要全面发展运动员的体能水平,提高与篮球技战术相关的专门素质,挖掘运动员的身体机能潜力,尤其是要提高构成篮球技术、战术要素的速度、爆发力、灵敏、协调反应和平衡等能力,从而保证运动员掌握新技术的数量和质量,提高运动员的竞技水平,增强篮球比赛的对抗性,提高运动员的应变能力,延长运动员寿命,减少运动损伤,培养优良作风和顽强意志品质。

　　体能是指人类进行各种活动而应具备的走、跑、跳、掷等基本能力及极限能力,即体力与综合运动能力的统称。根据三人制篮球运动项目特点,构成篮球运动员体能水平的主要因素是专项速度、整体力量和运动耐力。三人制篮球运动员的体能训练是指在篮球训练过程中,运用各种身体练习,有效地影响运动员身体形态的变化,提高有机体机能和发展运动素质的训练。本章结合篮球运动员体能特点,依据身体训练原理(超量恢复原理),列举了较新颖实用的体能训练实例,对于参加三人制篮球比赛的运动员,具有一定参考和实用价值。

第一节　三人制篮球运动员的专项力量素质训练

力量素质是指人体肌肉工作时克服阻力的能力,是进行篮球运动的首要素质。篮球运动中为了快速有力地完成各种攻守动作,要求运动员的各部位大小肌肉群具有很好的绝对力量和爆发力量。力量是篮球运动员的主导素质,力量素质可分为最大力量(运动员在随意性肌肉收缩中所表现出来的最大克服阻力的能力)、速度力量(人体肌肉在快速收缩时所表现出来的克服阻力的能力)、力量耐力(运动员长时间保持合理动作的能力),篮球运动员最需要的是速度力量(爆发力)和力量耐力。

一、三人制篮球运动的专项力量素质训练的要求

三人制篮球运动的专项力量素质训练要求如下:

(1)要针对运动员专项素质弱点区别对待。

(2)科学地安排训练计划。

(3)注意肌肉力量的平衡发展。

(4)适时地安排训练时间。

(5)要根据任务的不同安排训练计划。

(6)要避免片面发展绝对力量。

(7)要力求选择与篮球运动技术、结构相一致的动作方法。

(8)要注重对抗肌群的协调训练,练习每一部位力量都要注重其相对的对抗肌群的练习,否则不能达到最佳的练习效果。例如,投篮动作由肱二头肌和肱三头肌共同作用,如果只训练肱二头肌,会导致动作控制能力的下降,使得投篮动作不稳定。

二、力量训练的阶段划分

力量训练是一个长期的过程,必须贯穿于整个训练的始终,要保证每周进行训练的次数在2~3次或者更多。力量训练的目标、内容、方法应根据力量发展的各阶段而定,以满足运动员发展的不同阶段对不同种类力量的需求,以合理地提高运动成绩。

（1）建设性力量训练阶段（基础阶段）：整个力量训练的物质准备阶段，目的主要是全面提高各部肌肉的健康水平和负荷收缩能力，为以后更大的专项训练打下训练基础。训练负荷从小到适中，逐步增加，持续时间可安排为 2～4 周。

（2）提高最大力量阶段：提高肌肉克服最大阻力的能力，目的是为提高快速力量和弹跳力服务，持续时间为 2 个月；这也是使发展的力量转变为专项爆发力或专项力量耐力的阶段。根据运动项目需要和特点，训练获得的最大力量必须在运动专项中表现出来，即必须转变为专项所需要的爆发力和力量耐力。

（3）保持阶段：保持前面各阶段已经获得的力量训练水平。

（4）过渡阶段：主要任务是消除疲劳，对全身各部肌肉进行营养性训练。

三、力量训练原则

力量训练既要根据运动员生理特点和篮球运动的特点，又要注重练习内容的选择和运动量的安排，即根据运动员身体素质训练的特点，合理有序地将练习全身不同部位大小肌群的练习方法相互结合，使运动员力量素质得到全面、协调、有效地提高。

在练习不同部位力量的时候，根据运动员年龄的不同，基本保持6～8项的练习项目，一般一组项目的练习时间为 30 秒，休息 30 秒/项，共练习 2～3 组，中间休息 4 分钟。

在增加练习强度时，通常利用缩短练习时间和增加练习项目、组数的方法。随着运动员训练水平的提高，可将训练手段增加到 8～12 项，休息时间缩短为 15 秒/项，项目间休息 45 秒，并且每项增加到 3～4 组练习。

训练的每个阶段（1 个月）基本维持 3 周正常训练和 1 周的减量恢复训练，在此基础上，要保持三个阶段的训练量逐渐增大，强度逐渐增强。

运动员的力量训练与速度关系密切，但进行速度练习的时候，所要进行的负荷量不能太大，因为负荷量大的话，势必会影响到速度发展的效果，而当主要发展力量练习时，适当的大强度和慢速度可以达到很好的效果，强度小和速度快反而会影响到力量发展的效果。

四、力量训练应注意的问题

1.最大力量训练应注意的问题

(1)最大力量训练应采用克制和退让相结合的动力性练习。

(2)选择比自己能负担的最大重量轻些的重量,每组多项重复进行训练。

(3)选择适宜的训练内容和方法。要把一般作用的训练内容与对局部起作用的专门训练结合起来,并把一般作用的训练内容放在前边。

(4)要把大小肌肉群的练习手段结合起来安排。先安排大肌肉群最大力量练习,再安排小肌肉群快速力量练习。

2.快速力量训练应注意的问题

(1)以自己能负担的最大重量进行训练,采用的重量以能重复3~5次即感到疲劳为宜。

(2)注意将局部快速力量训练与整体快速力量训练相结合。

(3)注意完成力量练习中的技术因素和速度要求,练习动作要协调、自然、连贯。

(4)训练力量耐久力,应采用较轻的重量,多次重复练习。

(5)力量训练应与柔韧、灵敏练习相结合。

(6)力量训练应注意用力肌群的转换,循环练习,防止运动损伤的出现,并注意放松。

五、力量训练方法

(一)几种不同目的的篮球专项素质训练方法

1.肌肉增粗力量训练方法

负荷强度要采用运动员最大极限负重量的60%~80%的强度,100%的极限负荷强度应慎用和少用;每组4~8次,可做5~8组,最后几组和次数必须坚持做完;每次练习的动作速度要稍慢一些,通常4秒左右完成一次动作;在上一组练习肌肉所产生的疲劳得到基本消除后,再进行下一组练习为宜。

2.解散肌肉协调能力最大力量训练方法

负荷强度采用运动员最大极限负重量的85%以上强度;每组1~3次,可做5~8组;每次练习的动作速度要适当加快,通常2秒左右完成一次动作;每组间歇时间一般为3分钟或再长一些。

3.负重发展速度力量的方法

负荷强度一般都采用运动员最大力量的40%~60%的强度;通常每组重复练习5~10次,做3~6组;组间的间歇时间应较充分,通常2~3分钟;练习的动作要协调、流畅、正确,并尽量与专项技术动作结合。

4.不负重发展速度力量的方法

(1)跳深练习:一般可从50~60厘米的高度跳下,双足落地后,立即往一个100厘米左右的高度上跳,以6~8次为一组,做6~8组,组间间歇2~3分钟。

(2)各种跳跃练习。

5.力量耐力主要训练方法

练习的强度为:发展克服较大阻力的力量耐力,采用运动员最大力量的75%~80%的负荷进行重复练习;若发展克服较小阻力的力量耐力,则最小负荷强度不能低于运动员最大负荷强度的35%;一般要达到极限的重复次数,组数应视具体情况而定;要在未完全恢复的情况下进行下一组练习。

6.其他

利用专门器材进行技术训练,同时进行结合篮球的爆发力量训练、提高身体对抗能力的训练,采用以少打多的训练方法、辅助阻力的训练方法,还要进行模拟比赛要求的强度训练。

(二)不同部位力量训练实例

1.发展手指力量

(1)用手抓、放铅球或哑铃的一头。

（2）做仰卧撑静力练习。

（3）用手指抓住铅球做直臂前举静力练习。

（4）坐或站立，用单、双手的力量传接篮球或实心球。

（5）持篮球或实心球近距离以手指力量投篮。

2.发展手腕力量

（1）屈腕运动：主要训练肌肉为桡侧屈腕肌、尺侧屈腕肌。动作要领为双手持杠铃或哑铃，手心朝上，小臂紧贴大腿让手腕以外悬空，然后手掌做向躯体弯曲，内弯可稍快，回复时要慢。

（2）持哑铃手腕绕环。

（3）抛掷沙袋。

3.发展臂、肩、胸部肌肉群力量

（1）做俯卧臂支撑和侧卧臂支撑。

（2）双臂撑在软球上，两腿交替屈摆（图4-1）。

图4-1

（3）队员两手撑地，两脚直腿搭放在大软球上成俯卧姿势，然后连续做收腿俯卧撑（图4-2）。

图4-2

（4）队员两手撑地，两脚直腿搭放在大软球上成俯卧姿势，然后单手支撑（图4－3）。

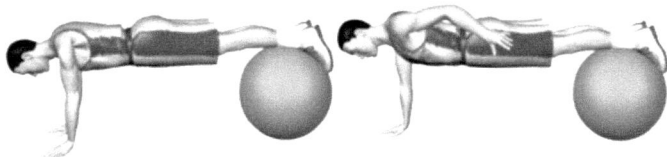

图4－3

（5）反手弯举：主要训练肌肉为肱二头肌、肱桡肌、桡骨屈肌。动作要领为反握杠铃，肘关节贴住大腿中心点，小臂贴住大腿并与之平行，然后小臂做上弯，此时动作可稍快（吸气），做完后让小臂贴住大腿（此时要慢并吐气）。

（6）正握弯举：正握杠铃，要领同（5）。

（7）滑轮下拉：主要训练肌肉为肱三头肌、背阔肌、肱桡肌。动作要领为双手伸直抓住高滑轮之杠，然后往下拉杠，做完后还原杠；准备期以反手、宽握做头后下拉，比赛期则做正手、窄握做头前滑轮下拉。

（8）高拉运动：主要训练肌肉为斜方肌、三角肌、肱二头肌、肱桡肌。动作要领为两臂自然下垂伸直，双手拳头距离为10～15厘米，正握杠铃并置于大腿之前，然后双手弯曲将杠铃沿躯体提高至下巴前（图4－4）。需注意的是，提起时吸气动作稍快，腰际不能前挺，以避免使用腰力；还原时动作稍慢然后吐气。

（9）法式推举：主要训练肌肉为肱三头肌。动作要领为双手拳头靠

图4－4

拢，掌心朝上握杠，大小手臂尽量弯曲至几乎接触，然后将杠置于头后，两手臂将杠铃往身体前方做推直动作（图4－5），此时动作快并吸气；还原杠铃于头后时为曲臂，动作慢并吐气。

图 4 - 5

（10）仰卧推举：主要训练肌肉为胸大肌、肱三头肌、三角肌。

（11）蝴蝶推举：主要训练肌肉为胸大肌、斜方肌等。动作要领为双手握固定式器械握把，手臂自然弯曲，然后双手往上提做推举，往上推举时快并吸气，还原时慢并吐气。

（12）屈臂撑体：主要训练肌肉为胸大肌、肱三头肌、斜方肌与背阔肌。动作要领为大臂紧贴躯体，小臂弯曲与大臂成 90 度并平贴于训练架上，让身体悬空；此时双脚靠拢尽量伸直，以手臂力量将身体提起，以让手臂和躯体呈伸直状态为原则，提起时可稍快并吸气，还原时要慢并吐气。

（13）做引体向上。

（14）做双杠支撑。

（15）坐传重球或实心球。

（16）规定距离、次数，用单双手对墙传重球。

4. 发展腰腹力量

（1）队员呈仰卧状态躺于大软球上，两手屈臂于胸前或双手抱头，两脚着地呈准备姿势，然后在球上连续做仰卧起坐（图 4 - 6）。

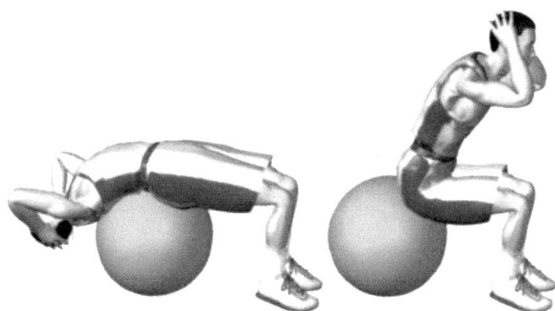

图 4 - 6

(2)队员呈仰卧状态躺于大软球上,两手持物伸举于胸前,两脚着地呈准备姿势,然后上体连续向左、右做转体扭腰动作(图 4 - 7)。

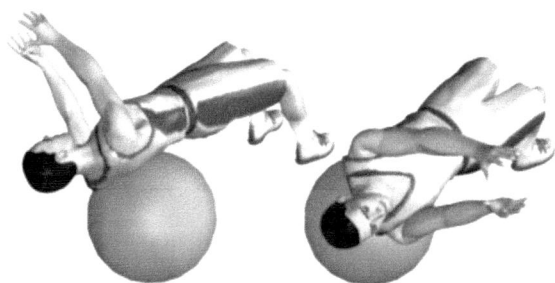

图 4 - 7

(3)队员单脚放在球上,一脚上举,左右摆腿(图 4 - 8)。

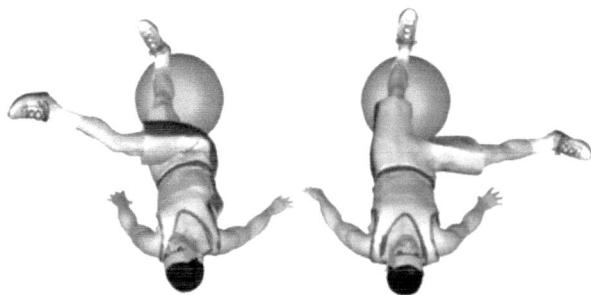

图 4 - 8

(4)队员两人一组,一人双手持加重球于体侧,侧对同伴坐于大软球上,另一同伴相距3米面对持球者站立,然后与同伴连续做转体、甩臂传接加重球。

(5)队员俯卧在软球上,两腿伸直,手脚触地;上体抬起,两臂伸举(图4-9)。

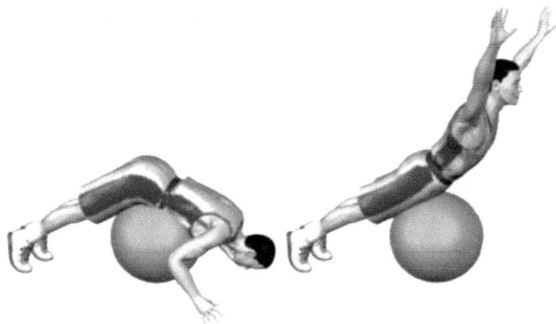

图4-9

(6)队员俯卧在软球上,身体绷直;右臂左脚上抬与左臂右脚上抬交替进行(图4-10)。

图4-10

(7)队员俯卧在软球上,手臂后伸举,上体背伸;接着两手触地,两腿后屈(图4-11)。

(8)队员侧卧在软球上,手臂伸举,上体向下侧屈,再向上侧屈(图4-12)。

(9)早安运动:主要训练肌肉为腹直肌、腹内外斜肌。动作要领为肩扛杠铃,双脚比肩略宽且微弯,上半身做90度敬礼动作(上半身下去时慢吐气,上半身挺直还原时快吸气)(图4-13)。

图 4 - 11

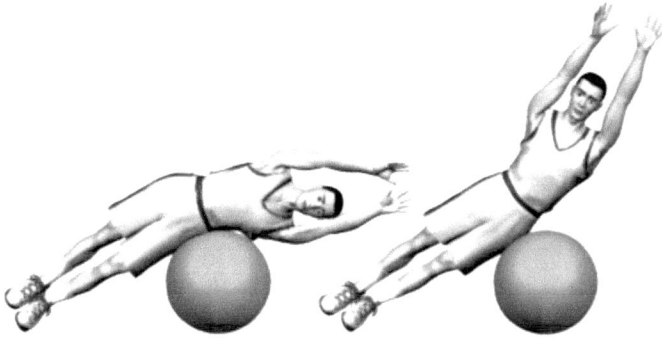

图 4 - 12

图 4 - 13

（10）屈臂弓伸：主要训练肌肉为腹直肌、腹内斜肌和腹外斜肌。动作要领为大臂紧贴头部，小臂与大臂成直线悬挂于训练架上，然后大腿弯曲与身体呈 90 度，此时双脚靠拢尽量不动，然后以让大腿放松和躯干伸直为原则。注意利用腹部肌力提腿时可稍快并吸气，还原时要慢并吐气。其重点是让身体上半身不动，然后利用腹部肌力使大腿做举起与放松动作。

（11）斜体仰卧：主要训练肌肉为腹直肌、腹内斜肌和腹外斜肌。动作要领为仰卧于仰卧起板架，姿态为头下脚上，双手交叉置于双肩，用力将上半身挺起（起时稍快吸气），以双手肘碰触大腿为原则，然后再还原，还原时要慢并吐气。

（12）撑腿举体：主要训练肌肉为腹部肌群与背部肌群。动作要领为双脚小腿后脚跟部位顶于固定式器械，然后上半身自然悬挂与大腿呈 90 度，然后利用腹背肌力将上半身撑直和大腿成一直线（图 4 - 14），往上撑举上半身时快并吸气，还原时慢并吐气。

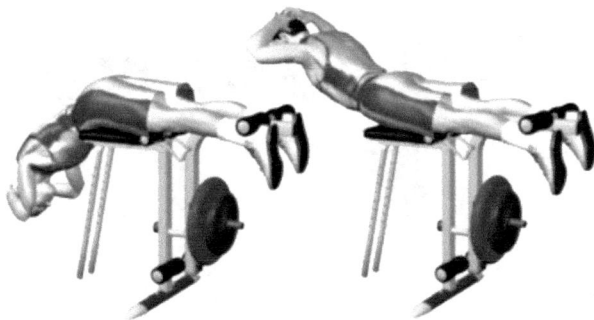

图 4 - 14

5.发展腿部肌肉力量

（1）进行俯卧臂支撑举腿、侧卧臂支撑举腿训练。

（2）左右转体：主要训练肌肉为股直肌、腹内斜肌和腹外斜肌。动作要领为双手屈臂约 60 度持哑铃和杠铃（手心向上），双脚打开比肩略宽，两肩正向前方，一开始先双脚全蹲，双手弯曲持杠不动，然后迅速站起（两脚几乎伸直，此时吸气），两脚站起，同时上半身做向右转动作（两边肩膀要 90 度以上转向右侧),然后再慢慢蹲下,双肩恢复原正向前方,此时吐气,最后再迅速站起(两脚几乎伸直,此时吸气),上半身同时做向左转动作,此动作重复以上半身向左、右旋转。

(3)蹬阶运动:主要训练肌肉为股四头肌、臀大肌。动作要领为杠铃置于肩膀,双手比肩略宽握杠,双脚与肩同宽站立,先右脚上阶,左脚跟随上阶,然后右脚下阶,左脚再跟随下阶,上时可稍快吸气,下阶时要慢并吐气。

(4)坐挺小腿:主要训练肌肉为股四头肌、股直肌。动作要领为将器械阻力杆置于脚面,支撑杆置于膝关节后。双脚全力向上挺直,然后慢慢还原。上挺时动作要快并吸气,还原时动作要慢并吐气(图 4 - 15)。

图 4 - 15

(5)硬举运动:主要训练肌肉为股四头肌、臀大肌。动作要领为杠铃置于地面,双手距离约 5 厘米,双脚全蹲腰部挺直,然后大腿发力,上半身不动将杠扛起,上扛时快并吸气,还原时双脚全蹲,动作要慢并吐气。

(6)仰卧腿推举:主要训练肌肉为股四头肌、股二头肌。动作要领为仰卧在固定器械上屈腿,然后利用双腿力量将固定式杠铃做往上推的动作,双脚也同时伸直,往上推时动作要快,用力并吸气,还原成弯曲时慢并吐气(图 4 - 16)。

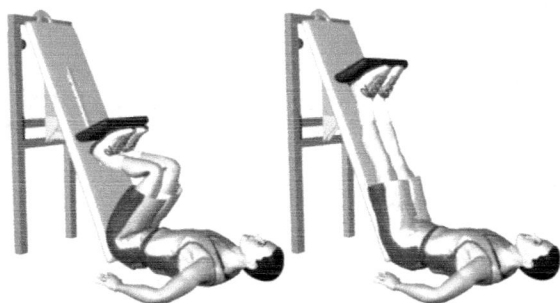

图 4 - 16

（7）负重深蹲起：主要训练肌肉为股四头肌、股二头肌、臀大肌，同时加强小腿、脚踝的绝对力量。动作要领为杠铃置于肩背上，两手握杆做好下蹲准备，深蹲后迅速起立至提踵。注意要挺胸塌腰，尽可能使杠铃上下直线轨迹运动，以尽力可完成8～10组动作的重量为宜（图 4 - 17）。

图 4 - 17

（8）俯卧后屈腿：主要训练大腿后群肌、臀大肌力量。动作要领为俯卧在器械上，阻力杆置于双脚后跟部，两手下伸抓住器械，两脚后屈，用力并吸气，还原成弯曲时慢并吐气。以尽力可完成8～10组动作的重量为宜（图 4 - 18）。

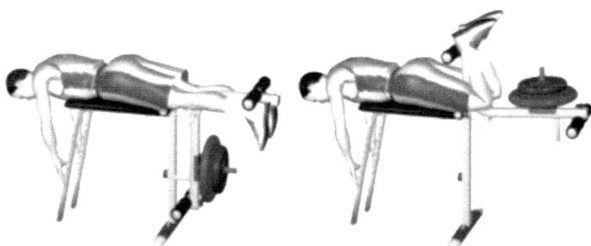

图 4-18

(9)负重连续二次蹲起:主要训练肌肉为股四头肌、股二头肌、臀大肌以及小腿、脚踝的爆发力。动作要领为蹲到杠铃下做好准备姿势,突然发力快速蹬起至提踵,然后立即缓冲下蹲,在杠铃将碰到托架横杆前,再次蹬起,然后将杠铃放在托架横杆上 1~2 秒进行缓冲调整,接着进行第二次。以尽力可完成 8~10 组动作的重量为宜(图 4-19)。

图 4-19

6.提高踝关节、脚、脚趾力量的练习

(1)单、双脚跳绳。

(2)提踵:首先找一个阶梯或一本书来垫脚,然后把脚尖放在上面,脚跟不得着地或垫着;把脚跟抬到最高点再慢慢放下,双脚同时完成,重复练习。

(3)负重提踵:背负着重物提脚跟,结合个人能力,前两组每组 20个,最后一组 25~30 个;向上提踵时要爆发,迅速向上提,在最高点定1~2 秒,然后慢慢下落。

（4）纵跳：双脚放直与肩同宽，"锁紧"你的膝盖，只用小腿跳，只能弯曲脚踝，膝盖尽量不弯曲，落地时再迅速起跳，如此重复练习。

（5）脚尖跳：将脚后跟抬到最高点，用脚尖快速起跳，跳时不得超过1.5厘米或2.5厘米。

（6）沙地蛙跳：每组30个，30米来回为一组，做3组。

（7）半蹲跳：半蹲，双手置于前，向上跳离地面最少20～25厘米（也可25～30厘米），在空中双手需放在后面，着地时完成一次，重复练习。

7. 循环力量练习

循环力量练习就是采用多种动作（7～10个）、少组数（3～5组）、多次数（8次以上）、密度大（每次间隔时间在30秒以内）的方法，把若干项力量训练编排成组，循环练习。它是提高力量耐力的主要办法。循环力量练习能在力量有所增长的情况下，使体重得以控制，有时还会使体重有所下降。

1）静力为主的力量练习

①练习目的：利用静力训练提高运动员各部位肌肉力量，促进其身体各部位肌肉力量全面发展。

②练习顺序：静力半蹲状态→静力屈腿俯卧撑→静力跪卧→快速跳跃移动练习→垫上"三夹"练习→原地抢球练习→俯卧撑蹲起跳跃练习。

③要求：每项练习时间控制在30秒，休息时间30秒，全部练习为一轮，每轮之间休息2～3分钟。

2）利用条凳综合力量练习

①练习目的：利用条凳进行上下肢综合练习，增强运动员的协调性和各部位的全面发展。

②练习顺序：扶凳俯卧撑→双脚交换跳凳练习→快速交换跳跃练习→俯卧静力支撑练习→快速跳跃练习→垫上实心球练习。

③要求：每项练习时间控制在30秒，休息时间30秒，全部练习为一轮，每轮之间休息2～3分钟。

3）垫上实心球练习

①练习目的:利用垫子、实心球等器械促进运动员爆发力的提高和对球的手感。

②练习顺序:左右手持球触地→胯下双手交替倒球练习→膝夹球左右摆动练习→脚夹球左右摆动练习→两人左右相互传球练习→两人头上传球练习。

③要求:每项练习时间控制在 30 秒,休息时间 30 秒,全部练习为一轮,每轮之间休息 2～3 分钟。

4）利用器械综合练习

①练习目的:利用垫子、条凳、实心球、哑铃等器械促进运动员各部位全面发展。

②练习顺序:垫上实心球举放练习→俯卧凳上静力练习→靠墙静力上举实心球→两人实心球传球练习→实心球头上传球练习→双手哑铃弓步练习。

③要求:每项练习时间控制在 30 秒,休息时间 30 秒,全部练习为一轮,每轮之间休息 2～3 分钟。

第二节　三人制篮球运动员的专项速度素质训练

篮球运动员的速度训练非常重要。速度素质是指有机体快速运动的能力,它包括三个方面的内容,即移动速度(单位时间内运动员通过一定距离的能力)、动作速度(运动员快速完成某一动作的能力)和反应速度(运动员对种种外界刺激快速应变的能力)。因此,速度训练主要集中于反应速度、动作速度和移动速度三方面的训练。

一、速度素质的特征

三人制篮球运动员的速度在激烈比赛中主要表现为连续反复的快速突破、起动等。篮球专项速度主要是起动速度、加速跑速度和速度耐力,其影响因素主要是速度力量和髋、膝、踝关节的爆发力,以及上肢的摆动力量。三人制篮球运动员速度素质的动作结构方面的特点是身体重心低，不断改变运动方向，在短距离内能发挥最大的速度能力。

二、篮球专项速度素质训练的要求

篮球专项速度素质训练的要求如下。

(1)正确安排速度训练的顺序。

(2)要培养运动员对时空特征的反应判断能力，并使运动员具有良好的反应起动速度。

(3)篮球运动员的快速跑动应与技术动作协调，使运动员在运用技术过程中不降低跑动速度，或减少速度损失。

三、速度素质训练中应注意的问题

速度素质训练应注意以下几个方面的问题。

(1)要全面发展各种身体素质，提高中枢神经系统的灵活性。

(2)使运动员掌握蹬地起跑的技术，提高步频，并结合篮球运动的特点，解决起动和在短距离内发挥速度的问题。

(3)多采用竞赛性和对抗性练习。

(4)逐步提高短距离跑的强度，同时注意增加控制重心和变化速度的内容。

(5)速度素质训练应在运动员精力充沛、精神饱满的状况下进行。

速度素质的训练区别于其他素质的训练。速度素质的训练应该安排在每次训练课的开始阶段，在准备活动结束之后开始；而且在每次速度训练之后，必须保证队员充足的休息时间以确保 ATP 供能物质的恢复，当完全恢复之后，再做下一次练习，这样才能够保证队员全力全速地完成训练，以达到发展速度素质的目的。

四、速度素质训练方法

（一）几种不同目的的篮球速度素质训练法

1.反应起动速度训练法

篮球运动员反应主要有：简单的信号反应、简单的预测反应、复杂的选择反应、复杂的分化反应。其训练方法主要有：熟悉各种专项动作，增加运动技术动作的信息量，从而提高人体的积极感知能力，缩短反应时的潜伏期，缩短运动各环节，提高运动员对时空动作相互影响的预测能力。

2.动作速度训练方法

反复加强单个动作的关键环节和组合动作的衔接动作速度，提高完成动作速度的频率。

3.移动速度训练方法

运动频率的训练方法：在保证一定动作幅度的情况下，通过改进技术，提高素质，在一定时间内尽量多地完成各种动作次数。

运动幅度的训练方法：主要采用改进技术动作，提高技术的伸展性、关节的灵活性及肌肉的力量素质，最大限度地利用篮球运动员的身体条件。

4.利用跳来提高跑速

跨步跳是篮球运动员速度训练非常有价值的手段。跳跃练习时应注意：准备期的前半部分，跳跃练习以量为主；准备期的后半部分和比赛期以短跳和50米跨步跳为主。短跳在速度训练前练，长跳在速度训练后练。大运动量跳跃训练后的下一次训练课，应以较长距离的反复跑（200米）来加强速度耐力。

（二）速度训练实例

1.10米听信号快速冲刺跑

两人一组站于起点，听到信号之后迅速起动，迅速冲过并触摸标志物。要求前几步快速,不要到标志物后减速,要以最快速度冲过标志物。练习后要有足够的时间恢复,每组 10～15 次。

2. 二人 10 米追逐跑

一人站于起点,另一人站于前者后 3～5 米,当后者起跑后,前者迅速起跑摆脱后者。

3. W 形折线跑

运动员进行 6 秒快速跑,每次跑完之后休息 60～90 秒,然后进行下一次练习,练习 3～4 次为一组,组间休息 3～5 分钟后进行下一组练习,共练习 6～10 组。

4. 各种起跑姿势快速加速跑

具体包括蹬腿加速跑、快速固定间距跑、侧身跳格练习、台阶训练、20～30 厘米障碍跳。

5. 两人冲刺对抗争先赛

两人一组站于起点处,终点处放置 1 米宽通道。练习开始,当两人听到信号之后,迅速起跑,在跑的过程中利用身体对抗抢占有利位置,冲过障碍物。

6. 快速脚步移动后加速跑

两人一组站于条凳后,练习开始,教练员布置各种脚步练习动作,听到信号后马上起动加速跑,冲过障碍物。

7. 判断来球抢球上篮练习

两名队员背对背分别站在/半蹲/坐在罚球线两端,或者并排站在罚球线上,教练员将球从两人背后抛至前方,两人意识到来球之后,迅速抢球,当听见哨声之后运球到三分线外投篮,没有听到哨声就直接上篮。

8. 身后抛接球练习

两人一组,一人不持球原地站立,另一人持不同类型的球站于前者后方。练习开始,持球队员将球从各个方位抛至前者面前,前面队员判断来球后迅速接球。

9.两人传三球练习

两人持三种不同重量、不同大小的球,练习开始,一人始终将最重的球自传自接,两人相互传剩下的两个球。

10.移动接地滚球

队员两人一组,相距 6 米左右,一人来回移动随时准备接同伴传出的地滚球,接到传球后立即回传给同伴,再迅速改变方向移动接传球。

(三)循环练习

1.快速脚步移动循环练习

①练习目的:利用布置成各种形状的场地,进行篮球运动员所需要的急起、急停、滑步等各种专项脚步移动练习,提高运动员的专项速度素质。

②练习顺序:快速左右滑步练习→W 形滑步练习→圆形滑步练习→快速变向冲刺练习→"一"字形急起急停→S 形侧向滑步练习。

③要求:每项练习时间控制在 15 秒,休息时间 45 秒,全部练习为一轮,每轮之间休息 2～3 分钟,共做 4 轮。

2.综合跳跃循环练习

①练习目的:利用各种形状的场地,进行全面的脚步和跳跃练习,提高运动员的跑速。

②练习顺序:快速高抬腿跑格练习→八边形跳跃练习→五点跳跃练习→左右跳跃触摸标志物练习→四点跳跃触摸标志物练习。

③要求:每项练习时间控制在 15 秒,休息时间 45 秒,全部练习为一轮,每轮之间休息 2～3 分钟,共做 4 轮。

3.跑跳结合循环练习

①练习目的:通过跑跳结合练习,提高运动员的速度和弹跳力。

②练习顺序:15 秒快速冲刺练习→弧线滑步加跑结合练习→快速跳跃移动练习→左右跳跃练习→快速跳跃条凳练习→八边形快速跳跃练习→定长快速跑跳练习。

③要求:每项练习时间控制在 15 秒,休息时间 45 秒,全部练习为一轮,每轮之间休息 2～3 分钟,共做 4 轮。

第三节 三人制篮球运动员的专项耐力素质训练

三人制篮球运动项目要求高运动强度条件下速度耐力素质水平。在整个比赛周期前期的训练中,高强度的大负荷训练非常重要。所以在训练中,为了适应比赛的高强度,必须提高训练的强度。然而教练员在提高运动员专项耐力的训练时,要注意安排时间不要过长,次数不要过多。

在具体的训练实践中,耐力素质训练可分为一般耐力和专项耐力两个阶段进行。一般耐力阶段经常采用持续匀速和变速负荷的方法,负荷强度一般应控制在接近无氧代谢阈的强度,心率控制在 160 次/分钟左右;发展专项耐力素质,一般以发展非乳酸性无氧耐力为主,采用 95% 左右强度、心率可达 180 次/分钟的训练方法,重复组数为 5～6 组。

一、三人制篮球专项耐力素质的特征

三人制篮球运动员的耐力素质主要以糖酵解的供能形式为主,因此,在三人制篮球专项耐力的训练安排中,要以最大乳酸产生能力和耐乳酸能力的训练为主,有氧氧化供能形式的训练为辅,并处理好两者之间的关系。

二、三人制篮球专项耐力训练的要求

三人制篮球专项耐力训练的要求如下。

(1)在阶段训练计划中,准备阶段应更多地发展有氧耐力,准备阶段后期或赛前阶段则应更多地发展无氧能力,在周训练计划中,每周一般只安排 2～3 次强度大或持续时间长的大运动量耐力训练。

(2)三人制篮球运动员的耐力训练首先要提高有氧耐力水平,在此基础上,再采用无氧阈的训练方法。

(3)三人制篮球运动员的耐力训练,要突出专项耐力。专项耐力训练先要增加运动量,再增加运动负荷强度。

(4)耐力训练要常年进行,练习内容要多种多样。

三、三人制篮球专项耐力素质训练应注意的问题

三人制篮球专项耐力素质训练应注意以下问题。

(1)应根据训练任务与要求,科学地安排练习的强度、重复次数、间歇时间。

(2)应贯彻循序渐进和区别对待的原则,随时注意观察运动员的反应,调整运动量。

专项速度耐力素质训练应在发展一般耐力素质的基础上进行,应把耐力素质的训练安排在课的最后部分进行或专门组织耐力素质训练课。

(3)在耐力训练中应注意培养运动员的意志品质。

四、耐力素质训练的方法

(一)几种不同目的的耐力素质训练方法

1.持续负荷法

持续负荷法的基础是保持最大吸氧量水平,提高人体有氧代谢水平,心率控制在150次/分钟左右,常采用匀速跑、变速跑和超越跑等方法。专项训练主要是安排快攻、防守步法和趣味性活动。

2.重复负荷法

重复负荷法的基础是无氧代谢,负荷最大心率达2.8次/秒以上,组间休息5分钟左右,心率下降至1.5次/秒左右,再进行下一次负荷刺激(如400米做5～10组,计时,或采用不同强度安排各种重复性练习,在训练中可安排1个→5个往返,然后再安排5个→1个往返)。

3.间歇负荷法

间歇负荷法的基础是有氧和无氧的混合代谢,负荷采用50％左右的有氧和50％左右的无氧,心率上限为2.8次/秒左右,间歇时在没有完全恢复的(1.8次/秒左右)情况下进行下一次练习的刺激(如各种连

续跑在 40 秒左右的练习,重复进行。三人快攻 3 个以上往返 5～10组。篮下连续 1 打 1、1 打 2 进 10 个球)。

(二)耐力素质训练实例

1.6 分钟低强度 16 米变速折回跑

两名教练员分别协助计时,队员听到教练员哨声之后 20 秒跑到折返点,听到教练员鸣哨后在 10 秒跑回起点;如此反复,共练习 12 个来回。

要求:运动员在跑的过程中不能停,严格控制 20 秒的运动时间,若速度快可在原地等待下一个练习时间。练习过程中要求运动员不断利用呼气调整自己,使消耗的体能得到最快的恢复。此练习每次训练可做 3 组,组间间歇 4 分钟,休息时可安排投篮、传球等基本技术练习。

2.6 分钟中等强度 16 米变速折回跑

运动员听到教练员鸣哨后 10 秒跑到折返点,当听到教练员鸣哨后再用 10 秒跑回起点;而后听哨声后 20 秒跑到折返点,而后 20 秒回到起点;然后 3 秒冲刺到折返点,之后 27 秒返回起点;如此反复练习 6 分钟。

要求:为了提高速度训练的强度,需要提高运动员跑的速度,但是要给队员更长的恢复时间。此练习每次做 3 组,组间间歇 4 分钟,休息时间可加入篮球基本技术练习。

3.6 分钟大强度 16 米变速跑

运动员首先听到教练员哨声后用 3 秒冲刺到折返点,听到第二次哨声后 7 秒跑回起点;而后再听到哨声后 20 秒跑到折返点,而后 20 秒回到起点;然后 10 秒冲刺到折返点,之后 10 秒返回起点;如此反复练习 6 分钟。

要求:练习时间 6 分钟,一次训练练习 3 组,组间间歇 4 分钟。

4.跑跳综合变速折回跑

队员听到哨声后做 10 秒原地快速跳绳;听到鸣哨后用 20 秒跑至折返点,然后用 20 秒跑回起点;之后听哨声 10 秒跑至折返点,10 秒回到起点;之后再用 20 秒跑至折返点,用 20 秒回到起点;如此不断循环6~8 分钟。

要求:跳绳时要求快速,练习中严格控制练习时间,此项练习共进行3 组,组间间歇 4 分钟,间歇时间可安排投篮、传球、运球和罚球的练习。

第四节　三人制篮球运动员的专项弹跳素质训练

弹跳素质是通过下肢和全身协调用力,使人体迅速弹起腾空的能力。弹跳素质是一项综合素质,训练时必须抓力量、速度和协调性这几个重要因素,还要注意与技术训练相结合。篮球运动员的弹跳力表现在比赛中,具有多维的方向性和快速连续性。

一、三人制篮球专项弹跳素质的要求

三人制篮球专项弹跳素质的要求如下。

(1)三人制篮球运动员弹跳素质的早期培养,应以小肌肉群的弹跳练习为主,改善肌肉用力的协调性。

(2)要注意灵敏和柔韧的培养,提高运动员身体重心转换能力和控制能力。

(3)要结合专项进行,使三人制篮球专项技术动作与起跳的高度和远度吻合。

二、提高弹跳力训练应注意的问题

提高弹跳力训练时应注意下列问题。

(1)用各种跳跃来发展弹跳力时,要注意防止膝、踝、足弓局部负担过重。

(2)大强度力量后,摸物或跳深练习应安排在课的高峰期内进行。

(3)一般跳绳、脚勾重物、脚腕操可安排在早操或准备活动内。

(4)跪跳起、立卧撑安排在整理活动中完成。

(5)要特别注意抓好腹背肌的训练。

(6)弹跳力训练是一个长时间的过程,要贯穿于整个训练之中,保证每周进行训练的次数在 2~3 次或者更多。

三、提高弹跳力训练计划安排

提高弹跳力训练的计划安排如下。

（1）每周 2～3 次，每次 15～30 分钟，间歇 2～3 天。总的持续次数为 80～120 次，组间间歇 2～4 分钟，低强度。

（2）每周 1～2 次，每次 15～30 分钟，间歇 2～3 天。上体和下体总的持续次数为：新手 25～75 次，老手 50～100 次，组间间歇 1～3 分钟，强度低到中。

（3）每周 2～3 次，每次持续 30～45 分钟，间歇 2 天。上体和下体总的持续次数为：新手 100～150 次，老手 150～200 次，组间间歇 1～2 分钟，强度中到高。

四、提高弹跳力方法实例

提高弹跳力的方法实例如下。

（1）踏跳，左右脚交替，如图 4-20 所示。

图 4-20

（2）左右两侧踏跳，如图 4-21 所示。

（3）双脚连续跳箱，如图 4-22 所示。

（4）左右横向连续跳箱，如图 4-23 所示。

图 4 - 21

图 4 - 22

图 4 - 23

（5）跨步下接双脚跳摸高，如图 4 - 24 所示。

图 4 - 24

（6）跨步下接单脚跳摸高，如图 4 - 25 所示。

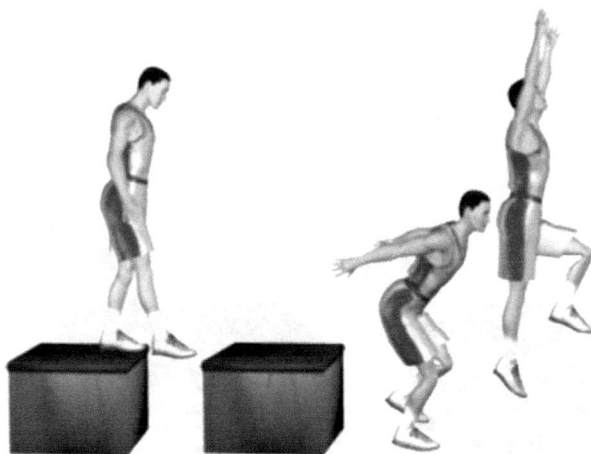

图 4 - 25

(7)跨步下接立定跳远,如图 4 - 26 所示。

图 4 - 26

(8)跨步下接变向跑,如图 4 - 27 所示。

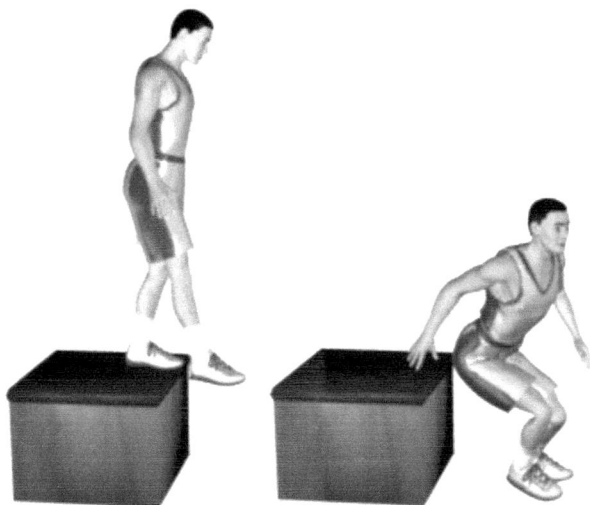

图 4 - 27

(9)持球跨步或跳下箱接跳投。

(10)连续深蹲跳摸篮圈。

第五节　三人制篮球运动员的专项灵敏素质训练

灵敏素质是在各种突然变化的条件下,运动员能够迅速、准确、协调地完成动作的能力。灵敏素质包括速度、爆发力和平衡能力。

一、三人制篮球运动专项灵敏素质训练的要求

三人制篮球运动专项灵敏素质训练的要求如下。

(1)灵敏素质的负荷强度较大,持续时间不宜过长,练习安排在每次课精力充沛阶段。

(2)儿童和青少年应加强灵敏的训练,特别是要大力发展与灵敏相关的某些专项素质。

(3)经常进行篮球专项的脚步动作练习,提高身体重心的转换能力。

(4)重视专项灵敏素质发展,使队员参加各种比赛,了解篮球运动技战术的时空特征。

二、灵敏素质训练的方法实例

三人制篮球运动专项灵敏素质训练的方法实例如下。

(1)绕限制区做各种形式跑动。

(2)从限制区中心向四个角跑动。

(3)对墙有角度传球且滑步接球。

(4)听信号变向滑步。

(5)进行见障碍折返跑。

(6)双手抓举、挺举。

(7)做持球韵律操。

(8)进行 20 米往返跑。

(9)队员两手撑地俯卧于大软球,然后连续交替做伸、举异侧手、腿动作,每组做 8~10 次,进行 2 组训练。

(10)进行"软梯"练习。

①队员站于软梯正面,面对前进方向,两脚前脚掌轮换着地,快速

逐格向前踏格跑。

②队员站于软梯右侧,面对前进方向,先从右侧迈左脚踏进一格,接着迈右脚进同一格,左脚再向前踏至软梯外左侧,右脚向前踏进一格,如此连续折线向前(只有一只脚踏出软梯)逐格跑过软梯。

③队员站于软梯右侧,面对前进方向,先从右侧迈左脚踏进一格,再迈右脚进同一格,左脚和右脚依次在右侧着地后,右脚再向前踏进一格,如此连续快速折线向前(两脚先后踏出软梯)逐格跑过软梯。

④队员站于软梯左侧,侧对前进方向,左脚前脚掌先踏进一格,右脚前脚掌也进同一格,然后左脚再向前踏进一格,右脚再同进一格,如此连续不断地先左后右逐格跑过软梯。

⑤队员站于软梯右侧,侧对前进方向,左脚前脚掌向前踏进一格后,右脚也踏进同一格,左脚再向侧后踏出,右脚并拢,然后左脚再向前踏进一格,右脚再踏进同一格,如此快速先左后右、进进出出,逐格跑出软梯。

⑥队员站于软梯右侧,面对前进方向,左脚前脚掌先向前踏进一格,右脚前交叉步踏到软梯的左侧外面,右脚着地后再向前踏进一格,左脚在前交叉步踏到软梯左侧外面,如此快速连续扭胯逐格跑过软梯。

⑦队员侧开分腿站于软梯两侧,面对前进方向,两脚同时向前跳进一格后,再向前分腿跳出到软梯外侧,如此连续快速逐格跳进跳出跑过软梯。

⑧队员站于软梯正面,背对前进方向,两脚同时向后跳进一格后,再向后分腿跳出到软梯外侧,如此连续快速逐格跳进跳出跑过软梯。

⑨队员站于软梯右侧,面对前进方向,右脚交叉步先踏进一格后,左脚在前交叉步踏出至右侧,如此两脚快速沿软梯右侧连续交叉步扭髋逐格跑过软梯。

第六节　三人制篮球运动员的专项柔韧素质训练

柔韧素质是指人体关节活动幅度的大小以及跨过关节的韧带、肌腱、肌肉、皮肤及其他组织的弹性和伸展能力。经常进行柔韧训练,可以提高运动员的伸展能力,有助于完成高难动作,还可以减少各种扭伤的发生。

一、柔韧训练注意事项

柔韧训练时,应注意下列问题。

(1)训练时动作幅度要由小到大,用力要柔和,以免拉伤韧带。

(2)应以早操或课前准备活动时训练为主。拉韧带前应先慢跑和做些徒手操,使身体发热后再练习,以防拉伤。

(3)大强度训练后和疲劳时,不宜做柔韧练习。

二、柔韧训练伸展的部位、种类和要求

1.伸展的部位和顺序

伸展的一般原则为:通常情况下要从中心部位开始,即背部、臀部和大腿后群肌,通过先拉伸这些肌肉群影响其他部位的肌肉群,使全身的灵活性得以发挥。先拉伸大的肌肉群可以使相对较小的肌肉群的灵活性发挥出更大的潜能。

拉伸的顺序为:躯干和下肢,从背部(躯干)、臀部(骨盆部位)、大腿后肌群、腹股沟(内收肌)、股四头肌到腓肠肌及踝、脚;颈部和上肢,从肩部肌群、手臂、手腕到手和颈部。

2.伸展的分类及要求

伸展运动共分为三类,即静力性伸展、动力性伸展和被动伸展。

(1)静力性伸展:在规定的时间内保持肌肉达到一定的伸展范围,以感觉紧张为标准;每个伸展练习持续15～20秒;重复每个伸展练习2次;每周伸展5～7次;经常尽力做全身肌肉拉伸。

(2)动力性伸展:要达到一定的伸展范围;要在静力性拉伸之后进行练习;动力性拉伸可以增加肌肉活动范围。

(3)被动伸展:助手应该有控制地慢慢加力;被动伸展不应该疼痛,轻微的紧张应该被感觉到;伸展应当以运动员自我感觉为标准;运动员和助手应当互相交流。

三、发展柔韧素质的方法实例

(1)直腿体前屈双手摸拉左腿(图4-28A);直腿体前屈双手摸拉右腿。

(2)直腿体前屈双臂向下伸拉(图4-28B)。

(3)左弓箭步双手体前触地压腿;右弓箭步双手体前触地压腿(图4-28C)。

(4)坐姿分腿两手握脚尖向上牵拉(图4-28D)。

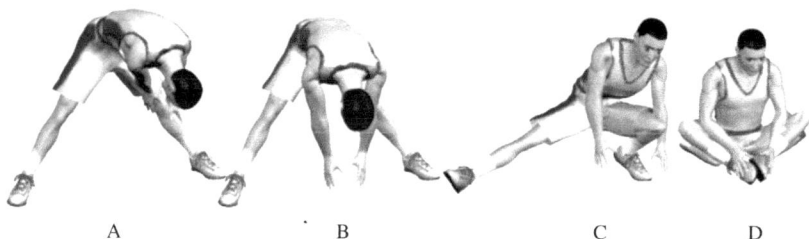

A   B   C   D

图4-28

(5)坐姿左腿伸直,右腿弯曲,上体前探左手握左脚牵拉(图4-29A);坐姿右腿伸直,左腿弯曲,上体前探右手握右脚牵拉。

(6)坐姿左腿伸直,右腿弯曲(两腿交叉),上体右转右手撑地牵拉(图4-29B);坐姿右腿伸直,左腿弯曲(两腿交叉),上体左转左手撑地牵拉。

(7)身体仰卧右腿弯曲,上体上抬,同时双手抱右腿牵拉(图4-29C);身体仰卧左腿弯曲,上体上抬,同时双手抱左腿牵拉。

(8)身体仰卧右腿上举,上体上抬,同时双手抱右腿牵拉(图4-29D);身体仰卧左腿上举,上体上抬,同时双手抱左腿牵拉。

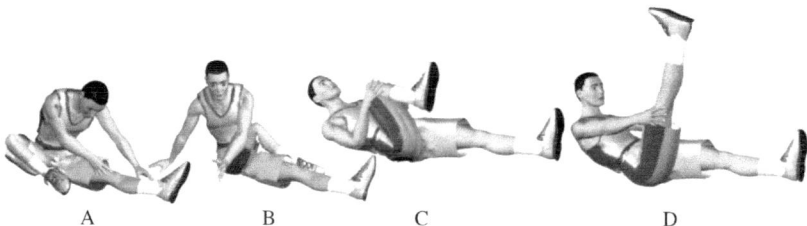

A   B   C   D

图4-29

(9)身体仰卧两臂平伸,左腿弯曲,同时右腿弯曲交叉搭放牵拉(图4－30A);身体仰卧两臂弯曲,右腿弯曲,同时左腿弯曲交叉搭放牵拉。

(10)身体仰卧,上体团身双手紧抱弯曲左腿,同时右腿向左交叉搭放牵拉(图4－30B);身体仰卧,上体团身双手紧抱弯曲右腿,同时左腿向右交叉搭放牵拉。

(11)身体仰卧右腿向左侧搭放,两腿交叉侧拉(图4－30C);身体仰卧左腿向右侧搭放,两腿交叉侧拉。

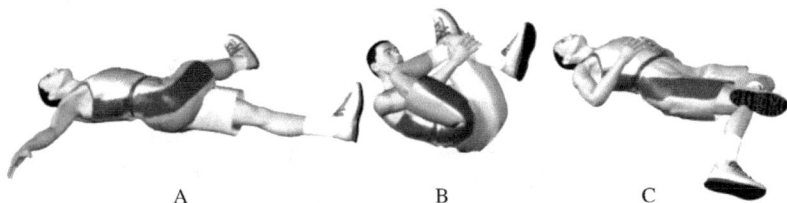

图 4－30

(12)身体仰卧两臂平伸,双腿弯曲向左、向右摆动牵拉(图4－31A)。

(13)身体向左侧卧,右腿弯曲,右手紧握右脚牵拉(图4－31B);身体向右侧卧,左腿弯曲,左手紧握左脚牵拉。

(14)两手撑地(呈俯卧),左腿弯曲交叉搭放在右腿上牵拉(图4－31C);两手撑地(呈俯卧),右腿弯曲交叉搭放在左腿上牵拉。

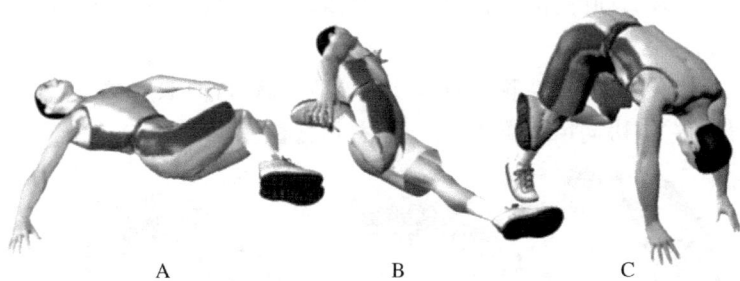

图 4－31

(15)两脚开立,两手交叉相握并外翻(手心朝上),上体向左侧、向右侧牵拉(图4－32A)。

(16)直腿体前屈,双手向下触地牵拉(图4－32B)。

(17)直腿上体左转,同时双手直臂摸左脚牵拉(图4－32C);直腿上体右转,同时双手直臂摸右脚牵拉。

(18)右腿在前屈体直腿交叉,双手向下触脚牵拉(图4－32D);左腿在前屈体直腿交叉,双手向下触脚牵拉。

图4－32

(19)左、右弓箭步双手体前触地压腿牵拉(图4－33A)。

(20)身体仰卧,两臂张开,两腿弯曲,同时两臂和腹、背用力撑体牵拉(图4－33B)。

(21)身体仰卧,左腿弯曲全脚掌着地,两臂弯曲双肘撑地,然后肘、肩、背和左脚协同用力撑体牵拉;左右脚交替(图4－33C)。

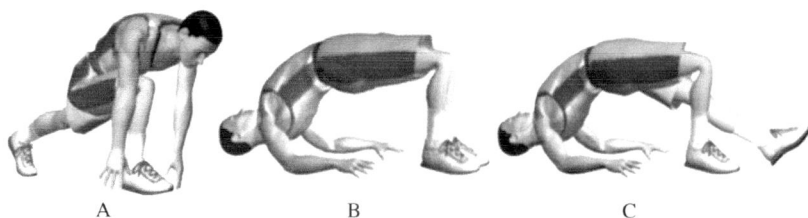

图4－33

（22）身体俯卧，两手撑地，然后右、左腿弯曲，同时交替用同侧右、左手握脚背（图4－34A）。

（23）身体仰卧，右腿弯曲，左腿同样弯曲并搭放在右腿上，曲右臂同时上体向左扭转牵拉；左右侧交替（图4－34B）。

A　　　　　　　　　　　B

图4－34

第五章 三人制篮球运动员体能与营养支持

三人制篮球运动员的训练是一个长期、复杂的人格塑造和身体加工的过程,该过程是通过早期人才选拔和科学的系统训练,在遗传背景的基础上最大限度地挖掘人体的生理机能和身体可塑性,以达到篮球运动水平巅峰的过程。

人体有着与精密仪器设备相似的特点,需要组成原件之间高度地相互协调和配合,才能使机能运行处于最佳状态,从这种意义上说,运动竞技训练的目的之一就是寻求这种更高的协调性。但是,人体有着与物体不同的方面,各组成原件不断新陈代谢,这就意味着营养素的供给与机体代谢排泄之间要高度协调和平衡。机体的正常代谢及良好的营养状态,是维持生命活动的重要保证。竞技运动情况下,机体新陈代谢极其旺盛,即相对于一般人,运动员对营养的需求和补充有着更高的要求。

第一节 营养支持的概念

任何代谢紊乱或营养不良,都可以影响细胞、组织、器官的功能。机体的营养状态与运动员的运动竞技状态是密切相关的,营养补充既要对提高训练过程中的体能发挥产生作用,同时还应当兼顾对体能的有利恢复。当机体营养物质不能维持身体代谢和生长发育需要时,就需要通过额外的途径或补充特殊的营养制剂以摄取足够的热量和各种营养素来满足机体细胞维持功能、结构和代谢及运动的需要。这就是营养支持。

一、以速度体能为核心的营养支持

速度是篮球运动员的灵魂,是体能水平最直接的反映,是创造战机、实行攻击、夺取胜利的前提与条件,要提高专项速度,必须以专项速度为核心去安排和设计营养计划。

三人制篮球运动项目在比赛与训练中高度缺氧(氧债),运动时的能量来源主要依靠高能磷酸系统和无氧糖酵解供能,短时间内在体内生成大量酸性代谢产物。其营养特点应当符合体内能源物质能迅速被利用的特点,使三磷酸腺苷(ATP)和磷酸肌酸(CP)的再合成加速。因此,膳食与营养补充应当在考虑能量供应的同时,注意提高体内碱储备和维持酸碱平衡等。

二、以力量体能为基础的营养支持

力量素质同样是体能的基础。肌肉力量是运动动力的源泉,是完成竞技任务和实现竞技目标的前提。力量素质是日益激烈的三人制篮球运动员专项对抗能力、专项速度、专项技术掌握与完善的基础和保证。然而,如何通过有效的营养支持提高篮球运动员的专项力量一直是摆在教练员和研究人员面前的一道难题。

除了要在训练方法、手段上有所突破外,为促进运动员肌肉和机体其他相关部分的增长,发展篮球运动员的对抗力量和爆发力,应该选用低脂肪食物和优质蛋白。另外,肌酸的补充也有利于提高肌肉内磷酸肌酸的含量,从而提高肌肉的最大收缩力。

三、以耐力体能为基础的营养支持

耐力训练也是篮球运动员体能的基础,篮球运动员耐力训练的营养支持主要注意几个方面的问题,包括体内水的再平衡、糖原储备、肌肉组织的修复和代谢调解。长时间的耐力训练,会使肝脏和肌肉内的糖原被大量消耗,导致糖原储备不足。

第二节 三人制篮球运动员形态学特点与营养

三人制篮球运动员身体形态表现为:身材高大、身体匀称、胸阔肩宽、皮下脂肪少、体重指数大等。这些特点中,有些方面依赖于早期人才选拔,但仍需要后续营养的强力支持,而有些方面则更多地取决于营养支持的效果。因此,应该加强营养对受遗传度影响较高且同样与项目关联度高的身体形态的影响,通过营养支持提高篮球运动员身体形态的发展潜力。

一、身高与营养

目前,世界三人制篮球强队的男子平均身高在 1.90 米左右,女子平均身高在 1.80 米左右。因此,身高(其遗传度为男 75%、女 92%)及其潜在的发展能力是三人制篮球运动员身体形态的首要条件。由于该项目主要的参与者为青少年,其正处于新陈代谢最旺盛的时期,对营养的需求较高,骨骼尤其是下肢和脊柱的发育生长,对营养的需求更高,因此,营养是影响身高的关键因素。只有在膳食中摄取充足的蛋白质、钙、磷、鱼肝油以及各种促进新陈代谢的维生素 B 和维生素 E 等营养素,才能促进骨骼的充分发育,从而促进身高潜力的提高。

二、去脂体重(瘦体重)与营养

去脂体重指标不仅反映篮球运动员的生长发育状况,同时也能反映其营养状况。体脂成分相对越少,说明人体中肌肉含量越高,肌肉系统能力越强。

三人制篮球运动员需要较大的体重以利于对抗,但又不能影响快速灵活地在移动中完成技战术行动,所以三人制篮球运动员既要求体重大,匀称而强壮,又要求脂肪少。另外,影响弹跳力的主要因素是肌肉力量和体重,肌肉力量越大,体重越轻,爆发力越强,跳得越高。所以,优秀三人制篮球运动员的去脂体重指标相当重要,且与运动成绩之间呈正相关。因此,三人制篮球运动员要的营养必须注意在摄入热量与运动量之间保持平衡,以保持体重在正常范围内,保持良好的体能状态。

三、视觉的营养支持

眼睛视网膜上的视紫质由蛋白质合成,如果三人制篮球运动员摄入的蛋白质缺乏,会导致视紫质合成不足,进而出现视力障碍。因此,膳食中摄入如瘦肉、鱼、蛋和大豆制品等蛋白质含量较高的食物,可以达到补充蛋白质,促进视紫质合成的目的。

维生素 A 是构成眼感光物质的重要原料,维生素 A 缺乏会引起眼角膜上皮细胞脱落、增厚、角质化,甚至引起夜盲症等眼疾。充足的维生素 A 可使眼睛视力加强。维生素 A 含量较高的食物有动物肝、水果、蔬菜等。同时,维生素 B_1、维生素 B_2 是参与包括视神经在内的神经细胞代谢的重要物质,有保护眼睑结膜、球结膜和角膜的作用。维生素 B_1、维生素 B_2 缺乏时,会出现眼睛干涩、结膜充血、畏光、视力模糊、易疲劳等症状,从而影响运动员的视力。运动员可以通过豆类、粗粮及花生等膳食补充维生素 B_1。维生素 B_2 的来源主要是肝、蛋、牛奶和蔬菜。

维生素 C 是眼球晶状体的主要营养成分,摄入不足会引发运动员出现眼晶状体混浊性白内障,角膜炎,前房、虹膜易出血等症状。富含维生素 C 的食物有绿色蔬菜、水果等。所以,运动员应加强水果与蔬菜等碱性食物的摄入。

第三节　三人制篮球运动员供能系统

现代三人制篮球比赛对抗强度和激烈的程度极高,要求运动员在比赛中,抢断、投篮、突破、盖帽、拼抢篮板球与各种攻、防移动脚步都要全力快速。此外,比赛中,运动员绝大多数的运动是急停急起、反复的快速移动和跳跃,以及超短距离的冲刺和折回,时间均在数秒之内,这些均说明三人制篮球运动是一项以爆发力为主的竞技项目。为了能够在进攻和防守时快速反应和短距离地全速移动,三人制篮球运动员需要无氧的快速能量供应系统;同时为打好赛制规定的全部比赛,获取最后胜利,三人制篮球运动员需要有良好的有氧耐力供能系统。因此,从篮球的项目特点和比赛上分析,三人制篮球运动员的能量供能系统是多系统参与的能量供应,即有氧、无氧混合供能。

篮球运动的供能系统大致为 ATP-CP＋糖酵解供能占 85％,糖酵解和有氧供能占 15％,可见,ATP-CP 系统供能是三人制篮球运动员主要的供能方式。另外,在特定的运动时间段内,篮球运动员的供能系统还与教练员的战术要求、比赛的激烈程度等因素有关。

有人研究了 3×3 和 4×4 半场篮球比赛强度对参与者的影响与差异,研究主要通过比较参加 3×3 和 4×4 半场篮球比赛运动员的心率和主观体力感觉的反应来进行。

试验研究发现:两种模式的半场篮球比赛有效促进了生理需求的提高,而运动员在运动中的心率超过了最高心率的 80%。3×3 篮球比赛比 4×4 篮球比赛会促成更高的生理需求,且在反向跳测试中,成绩显著增加。这表明 4×4 篮球比赛的速度和激烈程度均不如 3×3 篮球比赛。3×3 篮球比赛在比赛中空间的增加和运动员人数的减少,会给予运动员更多的生理负担(做功、心率和主观疲劳感增加)。研究结论表明,3×3 篮球比赛模式比 4×4 篮球比赛模式对心率的影响更大。

因此,三人制篮球比赛对运动员的无氧代谢能力要求很高。三人制篮球运动员为了在比赛中充分发挥应有的技术水平,在发展有氧代谢能力的基础上应注重发展无氧代谢能力,且为了适应现代篮球快速的攻防转换节奏,还应发展糖酵解供能系统。在实际的篮球运动中,运动员的能量消耗极大,运动员机体只有提供多个供能途径,才能在训练和比赛中保持良好的体能状态。

一、ATP-CP 供能系统

三人制篮球比赛中,运动员要在最短的时间内用最快的速度进行技术与战术的运用,如抢断、投篮、盖帽、拼抢篮板球时,都需要 ATP-CP 系统的供能。ATP 是肌肉收缩和舒张时唯一可直接利用的能源,CP 可使 ADP(二磷酸腺苷)迅速再合成 ATP。但机体内 ATP 含量较少,仅可维持高强度运动 8~15 秒,CP 含量也仅是 ATP 的 3 倍,而篮球比赛中所需要的能量很大,单靠 ATP-CP 系统的供能无法持续维持长时间、高强度篮球比赛的需要,因此,运动员还需要机体其他供能途径共同供能。

二、乳酸供能系统

乳酸供能系统同样是三人制篮球运动员的主要供能系统。在长时

间、高强度的篮球比赛对抗中,机体处于供氧不足的状态,此时乳酸供
能系统可使肌糖原或葡萄糖在无氧分解过程中产能,从而再合成
ATP,为肌肉活动提供能量。例如,个别连续冲抢篮板球、紧逼盯人
等,就需要乳酸供能系统为三人制篮球运动员在进攻和防守时提供
能量。

三、有氧氧化系统

　　三人制篮球是一项非持续间歇性的高强度对抗项目,队员在场上
如暂停、换人、犯规和罚球等时间内,供能系统会转化为有氧氧化供能
来提供能量。此时运动员机体可以得到不完全的短暂性恢复,供能系
统也转化为有氧氧化供能,即运动所需要的 ATP 由糖和脂肪的有氧
氧化过程再合成。

　　综上,三人制篮球运动员的功能特点如图 5-1 所示。

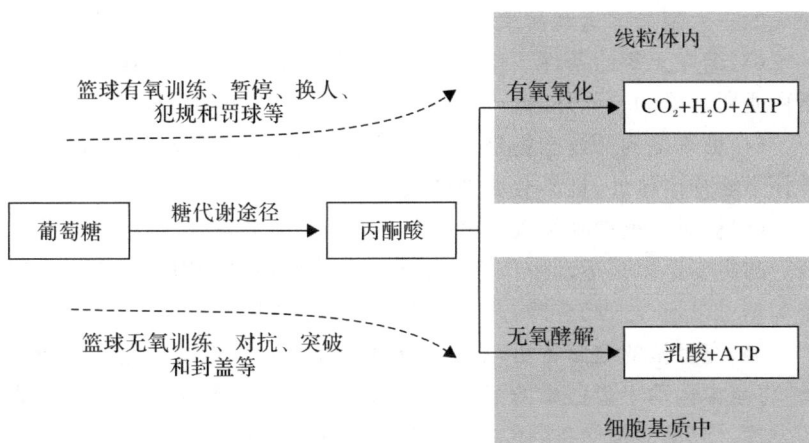

图 5-1

　　合理的营养支持是三人制篮球运动员体能的物质保证,因此,应针
对三人制篮球运动员的供能特点进行营养补充,以加强三人制篮球运
动员的能量储备,从而提高三人制篮球运动员的体能。

第四节　三人制篮球运动员糖的营养补充

近些年来,随着生物化学研究的不断发展,已证实广泛存在于自然界中的有葡萄糖、果糖等 200 多种单糖。人体内主要为血葡萄糖、肌糖原、肝糖原。不同类型的糖,其代谢途径不同。

一、糖的生理作用

糖是三人制篮球运动员训练和比赛时的最佳能源物质。

(1)糖供能迅速且利用速率快;运动开始后约 3.5 秒机体先利用肌糖原,5～10 分钟后,血糖开始参加供能,最高可达安静时速率的 20～50 倍,随着血糖的利用,肝糖原开始分解以供应血糖。

(2)以糖为燃料时,需要的氧气少。消耗同样量的氧,以糖为燃料比用脂肪为燃料产热量高 4%～5%,这对从事高强度运动而机体相对缺氧的三人制篮球运动员来说无疑是有益的。

(3)糖在无氧的条件下仍然可以通过糖酵解提供能量,这是脂肪和蛋白质所不能的。此外,糖可以成为任何强度运动的供能物质。

(4)糖燃烧的最终产物是二氧化碳和水,而它们可分别通过呼吸和排汗不断排出体外,且不会增加体液酸度。

(5)糖对中枢神经系统疲劳的防治有益。研究发现,中枢神经系统疲劳的主要原因是运动中作为能源的糖的供给不足。因为只有血中的葡萄糖可以通过血脑屏障,几乎是唯一的供给大脑活动的能源物质。

(6)充足量的糖储备可以减少蛋白质分解。机体保持充足的糖储备,将减少运动中蛋白质的消耗,有助于组织蛋白质数量的保持和功能的发挥。充足的糖储备,还有助于维持红细胞的正常功能。

(7)适宜的糖储备对机体的免疫功能有良好的效果,如运动中补糖使血糖升高,血浆皮质醇下降,免疫系统功能加强。

综上所述,三人制篮球运动员的能量供应主要来源于糖的有氧与无氧代谢,三人制篮球运动员充足的糖原贮备对训练和比赛中体能的作用十分重要。因此,对三人制篮球运动员的外源性营养补充,最重要的能量物质就是糖。糖在运动前、运动中、运动后都应该加以补充。三人制篮球运动员糖的补充可以通过采用与水共同补充的方式进行。研究发现,如果机体处于脱水的状态,糖原恢复速率会显著减慢,而且糖原在细胞内储存 1 克需结合水 2.7 克,所以运动补糖与补水对于三人制篮球运动员是十分重要的。因此,合理补糖、补水常是三人制篮球运动员提高体能以获得成功的关键。

二、补糖的种类与效果评价

在众多的糖类食物中,运动员如何选择既没有副作用,又能更好地提高运动能力的糖类,引起了运动科研人员的关注。

(1)葡萄糖:葡萄糖具有吸收快和供能迅速的特点。在各种糖类中,葡萄糖被吸收最快,有利于合成肌糖原,但缺点是容易引起胰岛素的分泌增多,容易产生乳酸。

(2)果糖:果糖主要是用来合成肝糖原,合成量大约为葡萄糖的3.7倍,而且在体内代谢过程中不产生乳酸,因此不易造成肌肉酸痛和疲劳。果糖在体内的吸收速度比葡萄糖缓慢,能在极稳定状态下释放热能,从而提高运动能力和耐力。但果糖的使用量不宜超过 35 克/升,过多容易引起肠胃不适,因此果糖与葡萄糖联合使用效果较好。

果糖在运动前、运动中、运动后都可加以补充。运动员运动前服用果糖效果较好,其原因是:果糖能避免引起强烈的胰岛素反应,并且能进入肝脏,合成肝糖原,可在长时间运动中防止血糖降低,因此可延缓疲劳的发生。

运动前 50 分钟饮用果糖水溶液,能最大限度地发挥果糖对长时间运动能力的支持作用。另外,服用多种糖类的饮料可增加胃的排空速率,利用多种转运机制扩大溶质的吸收,减弱渗透压浓度对水吸收的影响,增加对水的吸收。蜂蜜作为葡萄糖和果糖的天然混合物,具备葡萄糖-果糖混合液的功能。服用含蜂蜜溶液,对于运动员对抗运动性疲劳、保护生理功能和提高运动员体能均有益。

(3)淀粉类食物含有复合糖、维生素、无机盐和纤维素,可在膳食中加强。

三、FDP

FDP[1,6-二磷酸果糖（fructose 1,6-diphosphate,FDP）]是糖酵解过程中由 6-磷酸果糖在磷酸果糖激酶（phosphofructokinase,PFK）作用下的产物,是细胞内糖代谢的重要中间物,对许多代谢通路起到调节作用。FDP 可以作为底物直接参与细胞内的供能物质,且在进一步的代谢中产生乳酸并提供能量,刺激糖酵解,同时抑制糖异生,促进糖的利用,并抑制糖原分解,促进糖原合成。

大量研究表明,FDP 可有效提高运动员长时间运动时的体能,具体表现为:

（1）FDP 可提高运动员无氧、有氧运动能力并有利于疲劳的恢复。

（2）FDP 可作为高能底物和代谢调节物代偿 ATP 的生成。

（3）FDP 可加强对运动时生成自由基的清除,从而增加红细胞数量和细胞膜稳定性,以及对提高 Na^+-K^+-ATP 酶的活性有重要作用。

（4）FDP 对心肌具有保护作用。

三人制篮球比赛时,高强度的运动必然会引起心肌缺血或供氧不足,会造成机体有氧氧化产能降低,无氧糖酵解补偿生成 ATP 途径被激活,但乳酸堆积会造成 pH 值的下降,又会抑制 PFK 的活性,使糖酵解途径受阻,从而不能满足心肌需求,因此补充外源性 FDP 作为 ATP 生成的补偿途径对心肌因缺血、缺氧造成的损伤有保护作用。因此,补充外源性 FDP 能够促进内源性 FDP 和 ATP 的成倍增高,促使红细胞向组织释放更多的氧,并且增加心肌供血,改善微循环,通过促进心肌细胞的能量代谢,加强心肌收缩能力。

因此,三人制篮球运动员有必要补充外源性的 FDP 以提高体能,从而加强三人制篮球运动员在高强度、间歇性运动中的无氧条件下发挥技战术能力,并保证反复突破、起跳等移动的能量供应。

第五节　三人制篮球运动员肌酸的营养补充

一、肌酸与运动

在现代三人制篮球突出高强度、强对抗比赛的大趋势下,对运动员运动强度承受力和专项力量的训练已成为三人制篮球训练的重点。因此,加强三人制篮球运动员承受力和对抗力量训练,以及运用营养干预手段提高三人制篮球运动员的运动强度承受力和专项力量已成为摆在体育科研工作者面前的重要课题。

1832年,法国科学家 Chevreu 从骨骼肌内发现并命名了肌酸。1847年,Liberg 发现肌酸是哺乳动物肌肉的组分,并且确定了肌酸参与肌肉的工作。1979年,Walked 研究发现,人体内的肌酸一部分来自外源性饮食,另一部分是由肝、肾等组织自身合成。

人体通过肝脏、肾脏及胰脏等器官将精氨酸、甘氨酸和甲硫氨酸合成肌酸的方式每天仅产生约2克肌酸,不能完全满足人体高强度运动的需要。膳食中摄入过高的脂肪或过低的糖,都会抑制肌肉对肌酸的摄取能力,降低肌肉中肌酸的利用率。因此,有必要通过补充适量的外源性肌酸,以提高运动员的体能。肌酸在瘦肉、鱼等食物中含量较高。

目前大多数研究指出,补充外源性肌酸还可以使反复全力运动所做的功增加,并认为肌酸水平是高强度运动的限制因素之一。根据三人制篮球运动以及能量供应的特点,磷酸肌酸(CP)与运动员的力量、速度素质具有密切的关系,补充肌酸可以提高三人制篮球运动员的专项速度耐力。

肌肉收缩的能量来源于肌肉中贮存的三磷酸腺苷(ATP)和几种ATP 再合成过程。在骨骼肌能量代谢中,有氧代谢和无氧代谢是运动中肌细胞 ATP 再合成的两种途径,CP 是肌肉储存能量的重要形式,为 ATP 的合成提供"后备潜力"。在短距离大强度运动中,ATP 在肌肉中的含量急剧下降,必须迅速再合成才能维持运动能力,无氧代谢在这种情况下发挥至关重要的作用。无氧代谢有高能磷酸键的转移和糖酵解两种方式,其中,高能磷酸键的转移在数量上和供能速度上都占据了绝对优势。因此,肌肉内 CP 的含量就决定了运动时肌肉收缩的能量供给。肌酸是 CP 的原料,肌肉内肌酸浓度的提高会减轻 CP 在高强度运动中的耗竭,弥补 CP 用于 ATP 再合成而导致含量的下降,可以延缓运动时肌肉内磷酸肌酸的耗竭,能够更好地保证高强度运动所需的 ATP 流通量,以使运动维持更长时间。总结肌酸代谢及其补充对肌肉收缩能力的作用如图 5-2 所示。

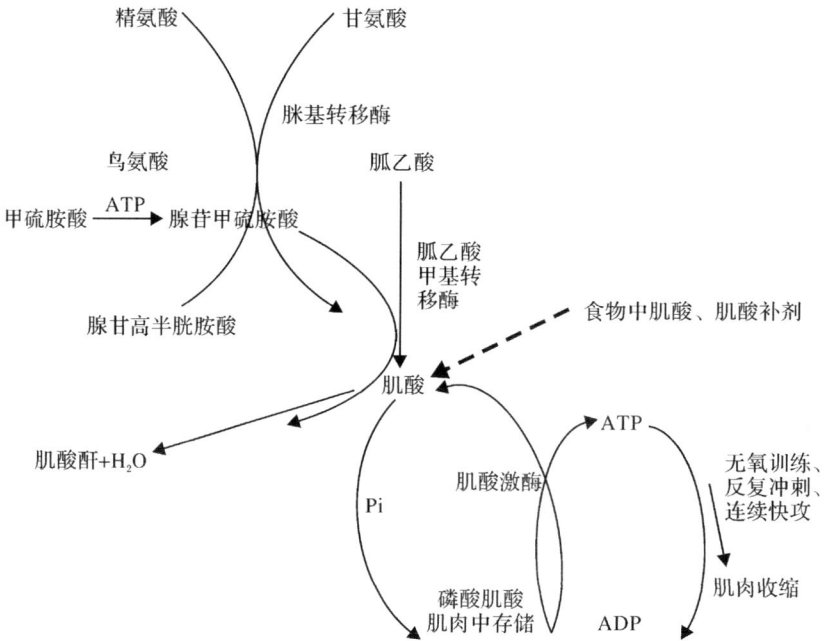

图 5-2

适量补充外源性肌酸对于促进运动员在大强度下运动能力的提高有着一定的意义。最近的研究显示,当使用极限力量来度量肌酸摄入的效用时,肌酸可以明显提高极限力量,并且对于不同年龄、性别和采用不同运动方式的运动员都有益处。另外也有研究发现,肌酸的补充可促进运动员体内核酸及蛋白质的合成代谢,进而提高肌肉组织蛋白的合成,改善运动引起的肌肉损伤和疼痛。

二、补充肌酸的方式

服用肌酸的关键在于吸收，而并非吃得愈多愈好。研究发现，肌酸5～6克/天的吸收剂量已经超过了人体胃、肠吸收能力的2～3倍。补充肌酸要注意以下几点：

（1）掌握肌酸使用的剂量，即先进行5～7天的补充，每天口服20克，然后再每天口服2～5克。

（2）补充肌酸同时服用含糖的饮料将有利于肌肉摄取肌酸，从而提高肌酸补充的效果。

（3）补充肌酸时，要注意液体的补充以保证肌肉的水合，防止肌肉痉挛和拉伤的发生。

需注意的是，研究发现，补充肌酸会使部分运动员的体重增加。由于篮球项目要求运动员具有一定的体重以加强对抗，这种副作用对需要对抗的三人制篮球运动员来说，无疑是有益的。

第六节　三人制篮球运动员水的代谢特点与补充

人体内近2/3是水，是体液的重要组成部分，体液包括细胞内、外液。水在人体中发挥着排泄废物、组成细胞、保护组织、传输营养物质及气体、维持血液的容积和调节体温等生理功能。

一、三人制篮球运动中水与体能

现代三人制篮球比赛越来越激烈，训练比赛强度也越来越大，三人制篮球运动员的出汗率进一步升高，因此三人制篮球运动员的体液丢失量较多。正常人一天大约出500 mL的汗，一场三人制篮球比赛时的出汗量可以达正常量的数倍以上。

人体在肌肉收缩时，肌肉内的能源物质糖、蛋白质和脂肪会燃烧以供应能量，肌肉又将这种能量转化成机械能。但转化的效率只有约25%，这意味着剩下的约75%的能量变成了热能积聚在体内，使体温升高。肌肉中的热能由血液带到体表，再通过汗液蒸发的方式将热能排出。

运动中出汗是人体调控体温的重要方式，运动时人体用排汗方式将热能排出,但丢失的大量水分如果得不到及时补充便会造成脱水。三人制篮球运动员出汗率受运动强度、室温、食量以及个人特点的影响,大量出汗后如不能及时补液很容易脱水,如图5-3所示。

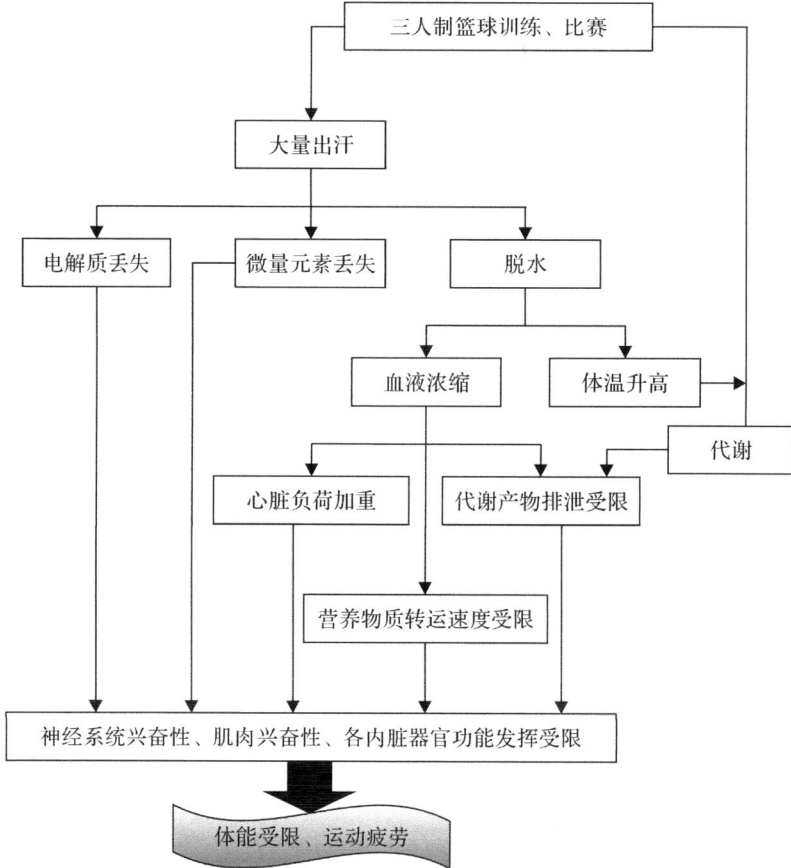

```
         ┌──────────────────┐
         │ 三人制篮球训练、比赛 │────────────┐
         └──────────────────┘            │
                  │                       │
            ┌──────────┐                  │
            │  大量出汗  │                  │
            └──────────┘                  │
         ┌──────┼──────────┐              │
    ┌─────────┐ ┌──────────┐ ┌──────┐     │
    │电解质丢失│ │微量元素丢失│ │ 脱水 │     │
    └─────────┘ └──────────┘ └──────┘     │
                        ┌──────┼──────┐   │
                   ┌──────────┐ ┌──────────┐ │
                   │ 血液浓缩  │ │ 体温升高  │─→│
                   └──────────┘ └──────────┘  │
                     ┌────┴────┐      ┌──────┐
                ┌──────────┐ ┌──────────────┐│ 代谢 │
                │心脏负荷加重│ │ 代谢产物排泄受限│└──────┘
                └──────────┘ └──────────────┘
                         │
                ┌──────────────────┐
                │ 营养物质转运速度受限 │
                └──────────────────┘
  ┌──────────────────────────────────────────┐
  │ 神经系统兴奋性、肌肉兴奋性、各内脏器官功能发挥受限 │
  └──────────────────────────────────────────┘
                    ⬇
            ╭────────────────────╮
            │  体能受限、运动疲劳   │
            ╰────────────────────╯
```

图5-3

脱水危害表现在以下几个方面。

(1)加重心脏负担。心脏每次收缩所排出去的血量减少,为了满足运动机体的需要,心脏不得不加快收缩使心率上升。

(2)肌肉收缩时产生的热散发不出去,在体内蓄积,使体温升高。

（3）肌肉所需要的氧气和营养物质供应不足。

（4）机体代谢的废物排泄受阻。

（5）在热环境下或运动时因为脱水而出现体温过高综合征。

运动前没有充分饮水，运动中如果又不注意补水，就会加重脱水，脱水的程度也会随着运动时间的延长而加重。脱水所造成的这些危害最终导致运动中疲劳较早出现、运动能力下降和运动后疲劳难以消除，这将严重降低三人制篮球运动员训练和比赛的效果，尤其是在热环境下更为明显。

二、运动员水的补充

三人制篮球是典型的高强度、对抗性项目，在运动前和运动中补水对运动员保持最佳竞技状态十分重要，合理补水还可提高运动能力。大量研究表明，运动前补水对预防运动中脱水有益，运动中补水可以保证机体内水合的速度，同样有助于提高运动能力。运动中补液可以延长运动至力竭的时间，使运动后期的快速奔跑能力提高，运动员的耐力增加。

口渴感是人体一种预防严重脱水的保护机制，运动员如果只依靠口渴感来判断是否需要补液，摄入量往往只占体液丢失量的50％，从而导致脱水，因此口渴感不能作为补水的指标。运动后的补水通常被称为下一次运动前的水合（也称为复水），补水量取决于运动中所丢失的汗液量。可以把运动后的补水看作下一次运动前的液体补充，运动后液体的平衡是机体恢复过程的重要环节。如果补充量不足会影响第二天训练的运动能力。近年来的研究证明，运动员科学的补液可以保持体温的恒定与体液平衡，防止脱水以维持运动员最佳的生理状态。

三、补水的原则

补水要掌握以下原则。

（1）口渴感不是补水的指征，运动员有口渴感时，丢失的水已达体重的2％，机体已有脱水发生。

（2）不能补白水，而应补充专门设计的运动饮料，大量饮白水会造成血液稀释，排汗量剧增，因而进一步加重脱水。

（3）运动前、运动中、运动后都要补水。运动前 2 小时可以补250～500 mL 的水;运动前即刻再补充 150～250 mL 的水;运动中每15～20分钟补充 120～240 mL 的水;运动后按体重每下降 1 公斤补水1000 mL 为宜。

（4）补充口感好的凉的运动饮料效果较好,凉的液体在胃中停留时间短,可以避免运动中的胃部不适。

第七节　三人制篮球运动员电解质的代谢特点与补充

一、运动与电解质丢失

长时间运动将导致机体大量排汗,随出汗而丢失的大量电解质和机体脱水会引起体温调节紊乱,由运动引起的体液平衡失调和体温上升是导致疲劳过早出现的重要因素。三人制篮球运动员水代谢的特点,一个是出汗量大,另一个是出汗率高(单位时间的出汗多)。

国内学者何英强等对热环境下运动与劳动时出汗而丢失水分和无机盐的研究表明,在干球温度为(39.2±1.7 ℃),相对湿度为(53.2±6.3)％的环境中活动,其出汗率平均为 8.2 毫升/分钟,随汗丢失的无机盐如表 5－1 所示。

表 5－1　1 升汗液丢失的无机元素量

干球温度/℃	相对湿度/％	K/mg	Na/mg	Ca/mg	Mg/mg	Zn/mg	Cu/mg
39.2±1.7	53.2±6.3	250.7±11.2	1010.8±178.3	71.8±14.8	6.8±0.8	0.98±0.27	0.47±0.15

资料来源:何英强,陈吉棣,杨则宜.热环境下运动与劳动时出汗而丢失水分和无机元素的研究[J].体育科学,1984(3):61－66.

杨则宜等对夏季训练的运动员的汗液成分进行分析,亦认为体内无机元素随着大量的排汗而造成丢失,从而导致机体内稳态的失调与一系列功能障碍,造成运动能力下降。另外,国外 Prasad、Krotkiewsk和 Cosolazio 等学者的研究也同样验证了该问题。

二、电解质补充

在当代的研究中,Shirreffs 和 Maughan 等人在对有关汗液中钠的丢失总量与各种钠浓度的饮料对恢复体液平衡的效应的关系的研究后指出:钠是细胞外液中的主要离子,运动中汗液丢失的钠是最直接和最重要的离子。钠能促进肠道吸收葡萄糖及水。在补充的液体中,含有钠、氯等离子还可以防止肌肉痉挛。只有充分补液,摄入的钠量超过运动中汗液丢失的钠量时,才能使机体达到良好的水合状态,而且摄入的液体超过汗液的丢失量也不会损害人体的肾功能。为避免运动中脱水并且完全、快速恢复机体内的电解质平衡,最为理想的途径是在补水时同时补充电解质。

第八节　三人制篮球运动员蛋白质的代谢特点与补充

由于三人制篮球运动在力量、耐力、速度等方面的高强度特点,使三人制篮球运动员的蛋白质合成与分解代谢具有明显的特点。一方面,合成代谢要满足力量型运动体能的需要;另一方面,训练期间耐力和速度决定了肌肉细胞损伤和蛋白质强烈地分解,这些需要在训练后或比赛间歇进行更新或重建。因此,三人制篮球运动员蛋白质补充有其特殊性。

一、蛋白质补充要与碳水化合物或糖类的补充相配合

蛋白质与碳水化合物两者配合同时补充有利于比赛期间肌糖原的合成和蛋白质的重建,这种配合补充的效果要优于单纯碳水化合物补充或两者以大剂量单独补充。蛋白质与碳水化合物同时补充的最佳比率为 1∶4(克/克)。蛋白质-碳水化合物复合饮料对于降低运动后肌肉损伤、促进运动后糖原合成和延长下次的运动耐力有显著效果。

二、蛋白质补充的优化与补充时间

由于蛋白质与氨基酸的分子量较大,故补充后机体难于吸收会造

成浪费。近期国内最新型的蛋白质制剂是运用大豆蛋白水解所得的小分子的多肽(5～8个氨基酸连接的肽),这种多肽在肠道迅速水解为二肽,其吸收率是氨基酸的2倍。二肽迅速且容易进入肌肉,为肌细胞重建提供高生物活性蛋白的原料。运动时肌肉处于分解状态,在运动结束后这种分解状态终止,进入合成状态。这一由分解到合成的转换只有在氨基酸进入肌肉细胞才能够快速实现。因此,在运动恢复期补充蛋白质对肌肉恢复有利。同时,蛋白质、肽和氨基酸的添加将刺激胰岛素的分泌,胰岛素是一种促恢复激素,它可刺激蛋白质和糖原的合成,加速运动后的恢复,促进肌肉的增长。蛋白质、氨基酸和肽已成为三人制篮球运动员高效体能恢复补充的重要能源物质。

及时补充高生物活性的优质蛋白质和氨基酸,对三人制篮球运动员从事连续高强度训练将十分有益。高生物活性的优质蛋白质和氨基酸主要包括乳清蛋白、酪蛋白、卵白蛋白及其水解产物(含二肽、三肽、游离氨基酸)、支链氨基酸、β-羟基、β-甲基丁酸盐、牛磺酸、谷氨酰胺、鸟氨酸和α-酮戊二酸合剂(OKG)等。

第九节 三人制篮球运动员微量元素的代谢特点与补充

一、铁的代谢与补充

1. 微量元素铁在运动中的重要性

铁是人体内含量较高的微量元素。铁不仅是血红蛋白(Hb)和肌红蛋白合成的必需原料,而且是体内含铁有机物,尤其是含铁酶或需铁酶的重要因子或辅助因子。因此,铁缺乏对能量代谢的影响非常明显,一方面,当Hb或肌红蛋白合成减少时,血液中氧运输和运动期间肌肉收缩时氧的传递和储存就会减少,导致组织细胞摄取的氧量减少;另一方面,组织含铁有机物,尤其是含铁酶的减少或需铁酶的活性降低,导致肌细胞的细胞色素a、b和c等参与呼吸链组成的成分活性降低,线粒体呼吸链中的铁硫蛋白或黄素蛋白,如NADH、琥珀酸脱氢酶、黄嘌吟氧化酶,一些酶如三羧酸循环中的乌头酸酶,以及核糖核酸酶和磷酸烯醇式丙酮酸羧化酶等活性就会降低,从而影响 ATP 的合成。事实上,铁缺乏不仅影响机体或细胞的生理活动,而且由于最大氧摄入和肌细胞的氧化代谢能力降低,从而影响运动员的运动速度、运动耐力、运动成绩或最大操作能力。

2.运动性低铁

据大量研究报道,运动训练可导致运动员的血液红细胞和 Hb 浓度下降。尽管这种低铁状态与营养性铁缺乏在血液学检测指标方面的表现极为相似,但其原因和机制可能并不相同或至今仍未清楚,因此称为"运动性低铁状态"(图 5-4)。研究发现,这种低铁状态不仅影响体能,而且在铁缺乏的运动员中可进一步加重其铁缺乏或贫血。

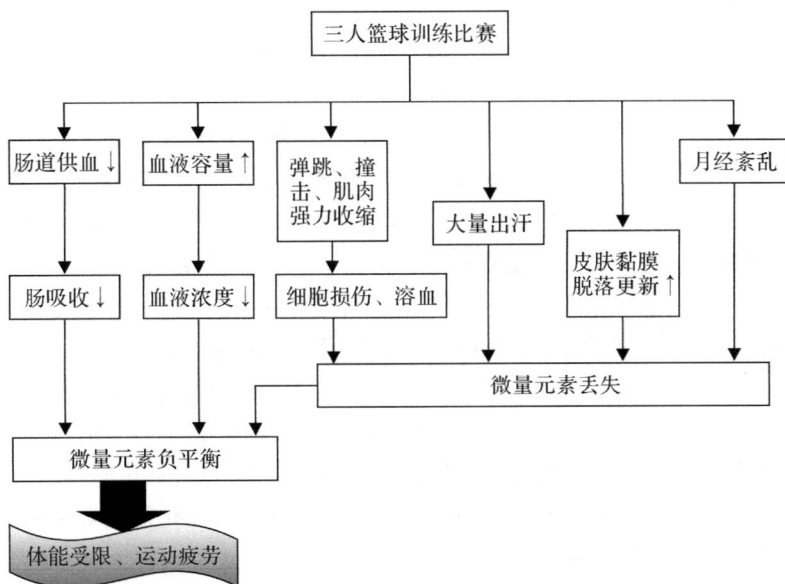

图 5-4

3.运动员铁的补充

研究发现,有效的铁补充可提高运动员体内的铁含量(尤其是 Hb

水平）、降低乳酸以及提高体能。Hunding 等学者研究铁缺乏运动员补铁后发现，补铁后 Hb 浓度明显上升，在此期间体能显著增强。Rowland 等学者对有铁缺乏（血清铁蛋白浓度低于 20 微克/升）而无贫血的运动员进行补铁研究后发现，补铁 4 周后运动员在功率自行车试验上的耐力显著升高。

铁影响着血液和肌肉的合成（Hb，肌红蛋白）以及肺泡呼吸，是众多酶的一个组成成分。铁缺乏是因为饮食不良、频繁排汗和反常的月经出血而导致的，建议男运动员每日铁摄入量为 12 毫克，女运动员为 20 毫克；富含铁的食物包括肉类、绿色蔬菜、细香葱和麦芽，但牛奶和奶制品不富含铁。

二、硒的补充

硒对视觉器官的功能是极为重要的，运动员支配眼球活动的肌肉收缩、瞳孔的扩大和缩小、眼睛辨色均需要硒的参与。运动员如果长期缺乏硒，就会发生视力下降等症状。另外，谷胱甘肽具有降低血细胞比容，提升血液供氧功能，以及保护心肌线粒体，增强能量供应的作用。在硒补充方面，建议男运动员每日摄入量为 21 纳克，女运动员为每日 16 纳克。运动员每天硒膳食的推荐量为 50～150 微克。

硒是体内的抗氧化剂谷胱甘肽过氧化酶的重要组分，谷胱甘肽能清除人体内（包括眼睛）的自由基。尽快清除机体的自由基成为三人制篮球运动员体能恢复的一个重要方面。在进行激烈的篮球运动时，高出于平常 2～3 倍的自由基将损伤运动员的肌细胞，造成疲劳的过早出现和消除延缓。机体的抗氧化物质可以自身合成，也可通过食物摄入。运动员可以通过多摄入水果和蔬菜来得到足够的抗氧化剂以对抗自由基的攻击。日常膳食中应注意摄入富含硒的食物，如动物肝脏、瘦肉、玉米、洋葱、大蒜、牡蛎等。三人制篮球运动员应该补充富含抗氧化物质的食物。

谷氨酰胺对保护运动员肌肉有明显的作用。研究表明，运动期间机体酸性代谢产物的增加使体液酸化，谷氨酰胺具有产生碱基的潜力，因而一定程度上可减少运动造成的体内 pH 值下降，缓解体能的下降或运动性疲劳。另有研究发现,谷氨酰胺有使肌肉糖原聚集的作用。谷氨酰胺可以加速肌肉糖原的再合成,有利于肌糖原的储备。维生素C、维生素 E、β 胡萝卜素和微量元素硒都是很好的抗氧化剂。运动员除在膳食中要注意食用富含抗氧化物质的水果和蔬菜以外,补充维生素C、维生素 E、β 胡萝卜素和微量元素硒,以及绞股蓝皂苷、灵芝多糖和生命红素等保健品均能达到一定的清除体内的自由基的功效。

三、锌的补充

锌(Zn)是人体内 100 多种酶的组分并且与酶的活性相关,具有转运二氧化碳、调节酸碱平衡等作用。锌缺乏会引起发育停滞、学习记忆力下降等症状。有研究发现:锌含量与骨骼肌质量增长有关,连续补锌两周(135 毫克/天),等动收缩力量和等长收缩耐力明显增加。同时,锌和抗运动性疲劳也密切相关。研究发现,无论体内锌含量升高或下降,均会引起贫血,进而导致最大摄氧量下降。缺锌还会导致机体抗自由基氧化能力下降,影响运动能力。

在锌补充方面,建议男运动员每日摄入量为 15 毫克,女运动员为12 毫克。

第六章 三人制篮球运动员的医务监督

医务监督是指通过医学和生物学手段,对训练的参与者进行及时、全面的身体检查和监控,掌握其机体机能状态,进而为科学训练提供依据,以保障科学训练运动员健康的重要医学手段。

世界篮球运动迅猛发展,竞技水平不断提高,三人制篮球作为具有高强度、剧烈对抗的运动项目,比赛和训练负荷对运动员的神经系统、心血管系统和运动器官都有明显影响,因此,对医务监督工作提出了更高、更全面的要求。同时也要求教练员要不断更新完善知识结构,既要掌握运动生物力学、生物化学、心理学等训练相关学科知识,还要了解最新的医学、生物学检测技术的发展及应用。教练员要将医务监督检测结果作为制订训练计划的科学依据,并且贯穿于训练实践之中,以确保运动员的健康和科学训练的实施。

三人制篮球运动员的运动医务监督由体格检查、运动员自我监督、运动性疾病诊断和治疗、运动员机体功能状态监督、运动性疲劳的合理消除等组成,具体包括日常的医务保障、周期性的生理生化监控、训练现场的生理生化监控、运动伤病的处理及预防、特殊训练环境的医务保障和训练监控、运动损伤后的恢复训练等。

第一节 身体检查

身体检查是对运动员身体形态、功能进行检查和评价,是建立三人制篮球运动员个性化评价的基础,也可以运用于运动员选材等。

一、入队体检

新队员入队之后必须进行全面的身体检查,包括物理检查、器械检查和化验检查。对于新队员的体检结果要妥善保存,并建立运动员体检档案。尤其要对身材高大的队员进行 X 线、CT、磁共振等专项检查,要排查是否有垂体肿瘤或其他病变。同时,血液化验需要检测生长激素的含量,如果生长激素含量过高,要进一步检查脑垂体是否有病变。对于身材瘦高且高度近视的队员,应对其心脏做磁共振和彩超检查,排查是否有主动脉瘤和心肌病变等。

二、常规体检

运动员每季度应进行一次身体常规体检。如果发现问题,应立即聘请专家进行会诊。

三、赛前检查

大赛之前必须开展详细的赛前体检工作。赛前检查的目的是为教练员修改制订训练比赛计划,调节运动员达到最佳竞技状态提供可靠的科学依据。体检要选择设备先进、检验人员技术水平高的医院或体检单位。体检后要及时查询检查结果,以便及时进行评定。

四、赛后检查

在工作实践中,运动员赛后体检往往容易被教练员忽视。比赛后的体检工作也非常必要,运动员经过数天的高强度比赛,机体各个系统都出现了不同程度的变化,通过体检不仅可以了解运动员的伤病,而且可以了解其机体功能状态,排查隐患,为教练员制订下一步训练计划提供理论支持。

五、运动员自我监督

运动员自我监督主要是通过运动员自我监督量表或运动员记录自身身体的某些生理指标的变化,及时发现自身的一些问题,提示教练员注意。

1. 脉搏

脉搏是心脏功能的反映。通常采用运动员起床之前的晨脉进行自我监督。

测脉搏部位为桡动脉或颈动脉。

身体机能良好的运动员,基础脉搏稳定或逐渐减少。经过长期科学训练的运动员,安静时会出现脉搏徐缓现象,该现象是由于支配心脏的迷走神经紧张性增强,交感神经紧张性减弱的结果,是心脏良好的适应性变化。

如果脉搏出现间歇或暂停,应进行进一步深入检查。如发现脉搏次数比平时增多达 12 次/分或以上,表明机能反应不良;如发现心脏节律异常,应立即进行心电图检查。

2. 血压

血压是心室射血和外周阻力共同作用的结果。大动脉血管内血液对血管壁产生的侧压力称为血压。血压是衡量运动员机能状态及机体疲劳程度较为常用的指标。

1)清晨血压

如果安静状态下,存在两天以上清晨血压比平时高 20% 左右且持续不能恢复的情况时,可能是运动员运动性疲劳或机能下降。

2)运动时血压

运动时收缩压往往随运动强度的提高而升高,舒张压不变或有轻度的上升或下降。但是运动时出现脉压差增加的程度比平时减少、出现梯形反应、出现"无休止音"等现象,可能是运动员机能下降或存在运动性疲劳。

3)血压体位反射

安静时,运动员出现舒张压>90 mmHg、收缩压>130 mmHg 时,可能是运动员机能下降或过度疲劳的表现。

3. 体重

训练有素的运动员的体重相对稳定。通常运动员运动后,体重会下降 2~3 公斤,经过 1~2 天即可恢复。如果一段时间内体重持续下降,可能是运动员疲劳或患有某种疾病。

4. 睡眠

正常睡眠是保持人体生理机能和训练质量的重要基础。正常充足的睡眠是运动员体能恢复,消除运动性疲劳的最佳手段。如果训练后出现入睡困难、失眠、夜间易醒、清晨起床后仍有疲劳感等,可能是运动员过度训练的表现。

5. 食欲

运动可以促进消化系统的功能。同时,日常训练会消耗大量的能量。因此,一般情况下,运动员的食欲良好,进食量大。但如果运动员产生食欲不振、进食困难等现象,可能存在消化系统疾病。

6. 自我感觉

运动员机能状态正常时,运动员自我感觉精力充沛,渴望训练。如果厌烦训练、头晕目眩、全身无力,可能是过度训练的先兆。

7. 感觉与神经系统疲劳诊断

1)两点辨别阈

疲劳时,触觉机能下降,辨别皮肤两点最小距离的能力下降。

测定时,阈值较安静时大 1.5 倍为轻度疲劳,2.0 倍以上为重度疲劳。

2)闪光融合频率

机体疲劳时,人眼对光源闪烁频率识别能力会下降。

当闪光融合频率阈值为 1.0～3.9 周/秒时,为轻度疲劳;4.0～7.9 周/秒,为中度疲劳;8.0 周/秒以上,为深度疲劳。

第二节　运动性疾病诊断和治疗

通过医务监督发现运动员存在的或潜在的运动性疾病问题,需要运用现代医学手段及时进行诊断、急救、治疗处理,从而保障运动员的健康。因此,运动员运动性疾病诊断和治疗是医务监督工作中极为重要的组成部分。

一、心脏专项检查及其他检查

1. 心电图

心电图在运动医学中运用较为广泛,通常作为诊断运动员心脏疾患,评定心脏机能状态的方法。如果在心电图中显示左室高电压、窦性心动过缓、S-T段和T波变化、房室传导异常(表现有一度房室传导阻滞、异位节律、二度房室传导阻滞)、莫氏1型变化(文氏现象)、束支传导阻滞等不正常现象,通常说明心脏存在病理性疾病。

2.动态监测心电图

检测24小时内心肌电活动状况,已经成为诊断运动心律失常和评定运动员机能状态的重要方法。

3.超声心动图

超声心动诊断技术可以观察心脏、大血管解剖结构的活动规律与血流动力学的变化,是显示心脏结构和了解心脏功能的重要检测法。超声心动检测技术还广泛应用于运动员选材及高强度训练对心脏形态的影响,是诊断运动员心脏生理性肥厚和病理性肥厚的重要技术手段。

4.心率变异性(HRV)

心率变异性(HRV)主要运用于监测和分析运动员的心血管疾病、运动损伤期间的自主神经活动改变以及过度训练等方面。HRV是近年来用于测定和评估运动员心脏自主神经功能的无创检测手段,可通过测量HRV定量评估心脏自主神经系统活性,以及运动负荷施加在心脏上产生的影响。

HRV是逐次心跳周期差异的变化情况,包含有神经体液因素对心血管系统调节的信息,是预测心脏性猝死和心律失常的有效指标。运动员通常具有更大的心率变异性。呼吸频率的变化是影响心率变异性最主要的因素,长期剧烈的肌肉运动对心脏自主神经的调控提出了更高的要求,导致运动员迷走神经张力增高,因此,运动员迷走神经活性高于普通人群,存在着更强的自主神经调节功能。

研究表明,运动员训练后自主神经活性增强、心迷走活性增强是心血管系统对运动训练适应性反应的结果。HRV各项指标中,LF和VLF高,表明运动员在安静状态下也存在更高的交感神经活性,通常是运动适应的表现;SDNN、TP高,表明运动员具有更高的自主神经调节功能;RMSSD、SDSD 和 PNN50 高,表明运动员具有更高的迷走神经活性。

5.超声、磁共振检测

运动损伤是影响运动员竞技水平发展的重要限制性因素。运动损伤的全面、准确检测对于确定治疗手段、制订康复训练计划、缩短恢复时间均具有重要作用。

目前在医学上应用较多的成像方法包括超声成像中的 M 超、组织多普勒、超声弹性成像、磁共振成像中的结构像、磁共振波谱、T1ρ 成像方法等,这些方法在肌肉拉伤等器质性损伤评价中具有重要的作用。

二、运动性疾病

运动性疾病是由于训练、比赛强度过高或安排恢复不当而引发的异常性疾病,常见的有运动性血尿和运动性贫血。

1.运动性血尿

高强度及大运动量是引起血尿的重要因素,同时,剧烈运动时肾脏受到打击、挤压或牵扯,也都会引起肾和小血管的微损伤造成血尿。

出现血尿时,应进行医学检查,包括肾功能检查、血液检查、X 射线检查。

运动性血尿的治疗:可以服用 ATP 和注射维生素 B_{12}。

2.运动性贫血

血红蛋白(Hb)具有输送氧气和二氧化碳,缓冲血液的酸碱平衡,调节血液中氨基酸浓度的作用。剧烈运动使机体氧气需求量急剧增加,如果血液中 Hb 不足,机体需氧量供应短缺,会影响运动员的运动能力。

贫血的处理:首先查明原因,明确诊断。若发现引起 Hb 下降的原发疾病,则应积极治疗原发疾病。确定运动性贫血后,需立即减少运动量和减小运动强度。同时,加强营养,在饮食中供应充足的蛋白质、维生素、铁元素。

三、三人制篮球运动员的生理生化监控

运动训练的本质是挖掘人体的潜能。依据"应激"学说,训练的本质是机体对专项训练刺激与适应的综合,即机体对不同形式和方法的训练产生适应性。例如,在三人制篮球训练中,肌肉系统、呼吸系统要承受的强度负荷比普通篮球训练的强度更高。如此高强度的训练,往往会使运动员产生过度训练等运动性疾病,严重影响训练效率与运动员的健康。

因此,在运动训练中,加强运动员生理生化监控,及时掌握运动员机能状态,成为三人制篮球科学化训练的重要内容。

1.最大摄氧量

最大摄氧量是指在极限的肌肉工作状态下,呼吸循环功能达到最高水平时,单位时间所能摄取和利用的最大氧量。最大摄氧量是评估运动员心肺功能和躯体工作能力的重要指标。

在运动员进行医务监督时,对最大摄氧量进行测定,可以用外场运动测定和实验室测定等方法直接测定,也可以间接利用功率自行车、活动平板、台阶实验等进行亚极量负荷后,测试吸氧量、心率等数值进行间接测定。

对训练有素的高水平运动员经常用直接测量法。目前常用的最大吸氧量间接测定的方法有 Astrand 推测法、PWC170 法、12 分钟跑等,主要针对儿童、老年人、心肺病患者或其他行动不便患者。

2.血乳酸

血乳酸是无氧条件下糖酵解的重要产物。血乳酸的生成率与运动项目、训练水平、运动强度、糖原含量、运动时间、环境温度以及缺氧等因素均具有相关性。通常血乳酸在运动后 5 分钟会出现血乳酸峰值。通常把 4 mmol/L 血乳酸值对应的负荷强度看作有氧代谢向无氧代谢的转换点,亦称无氧阈。

目前,血乳酸指标主要用于运动员有氧代谢水平的测定。

目前,通常采用连续或间断性逐级递增负荷试验测试血乳酸,其具体步骤如下:

(1)起始强度因人、具体情况而异,然后再进行5～6级负荷试验;

(2)每级负荷持续时间不少于3分钟,在每级负荷后即刻取血,测定血乳酸值;

(3)描绘负荷强度-血乳酸浓度曲线。

3.尿蛋白等尿液指标

1)概述

运动后测试尿蛋白指标,不仅可以反映运动负荷,而且可以有效反映运动强度(可以利用尿蛋白出现的数量来评定运动强度)。高强度训练过程中,运动员身体逐渐出现不适应,尿蛋白会增多,此时应酌情降低运动强度或运动量。另外,在低温、高原低氧环境中会出现尿蛋白增加的现象。如果身体机能下降时,尿蛋白的排出在运动后突然增加(约3～4倍),此时需要及时查明原因,明确诊断是否存在泌尿系统疾病。

个体运动员出现尿蛋白排出量增多的现象,也可能与遗传性相关。运动性蛋白尿的个体差异性具有如下规律:

①同一个体在完成相近的运动量或相同项目的比赛时,尿蛋白的数量相对稳定;

②随着训练水平的提高,尿蛋白的数量相应下降。

2)尿液指标的常规测试

(1)尿蛋白(晨起中段尿<10 mg/24h)。

运动后15分钟尿蛋白排出量越多,表示运动强度越大或机能越差。运动量加大,尿蛋白排出量增加,对运动量适应后尿蛋白排出量会减少。

大负荷训练期,晨尿蛋白值低于20 mg/24h属于正常。

(2)尿胆元(晨起尿随意时段<2 mg/24h)。

训练后次日晨尿胆元<2 mg/24h,表明机能已经恢复。

训练后尿胆元增加且Hb下降,表明机体处于疲劳状态,应调整训练。

（3）尿潜血。

大运动训练后出现尿潜血，表示运动强度过大。

（4）尿比重。

大运动量或长时间训练后可引起尿比重增加，次日可恢复正常水平，表明机体机能已经恢复；若尿比重持续保持高水平，提示机体可能处于脱水状态。

（5）尿酮体。

若运动训练后次日晨尿酮体持续增高，表明运动量过大。

4. 尿素氮（BUN）

测定尿素氮（BUN）是对机体机能的通用检测方法。蛋白质和氨基酸等含氮物质在分解代谢中脱去氨基，氨在肝脏转变为无毒的尿素，经血循环至肾脏排出体外。正常人的尿素氮生成和排泄处于动态平衡状态，故尿素氮保持相对稳定。

运动时，肌肉中的能量平衡遭到破坏，蛋白质及氨基酸的分解代谢加强，尿素氮升高而使血中含量升高。通常运动时间在 30 分钟以内，尿素氮变化不大，运动时间超过 30 分钟，尿素氮含量会产生较明显的升高。身体对负荷的适应度越差，则运动引起的尿素氮含量越高。

运动员与普通人尿素氮的安静值基本一致，一般为 1.7～7.0 mmol/L，但运动员运动时的尿素氮值稍微偏高，一般为 4.0～7.0 mmol/L 或更高。

1）应用

（1）尿素氮的含量随蛋白质、氨基酸分解加强而增多。机体对负荷的适应性越差，运动过程中生成的尿素氮含量越高。

（2）尿素氮可作为反映机体疲劳程度和评定机能状况的重要指标。

（3）运动中尿素氮浓度升高，一般出现在运动后 30～60 分钟。

2）测试

（1）每天、隔天或大运动量训练后次日晨测定尿素氮，也可观察每周一晨尿素氮，以了解身体的恢复情况。

（2）一般训练课后次日晨，尿素氮超过 8.0 mmol/L 时，表明运动量过大,应调整运动量。

3)评价

(1)运动后次日晨,尿素氮含量不变,表明运动量小,对机体刺激不大。

(2)在训练初期尿素氮上升,然后恢复到正常,表明运动量足够大,但身体可以适应。

(3)在训练中晨尿素氮逐日上升,表明运动量过大,身体不能适应。

因此,可在训练期每天、隔天或大运动量训练后次日晨测定尿素氮,来评定身体机能的状态。在一次训练课后,尿素氮超过 50 mg/24h时,就说明运动量过大,要注意调整运动量。

5.肌酸激酶(creatine kinase,CK)

肌酸激酶主要存在于细胞质和线粒体中,是一个与细胞内能量运转、肌肉收缩、ATP 再生有直接关系的重要激酶。骨骼肌、心肌、平滑肌的肌酸激酶含量最多,其次是脑组织,而胃肠道、肺和肾内含量较少。

CK 活性的变化可作为评定肌肉承受刺激和骨骼肌微细损伤及其适应与运动恢复的敏感指标。高强度运动后,肌肉酸痛与血清 CK 水平高度相关。男性肌肉血清肌酸激酶活性较女性高。男运动员肌酸激酶的参考值范围:10～300 U/L;女运动员肌酸激酶的参考值范围:10～200 U/L。

第三节　三人制篮球运动临场急救

三人制篮球运动身体对抗激烈,身体互相碰撞高频发生。由于准备活动不充分、局部负荷过大、违犯比赛规则等原因,各种运动损伤也就接踵而来。因此,在三人制篮球比赛中,需要采取合理措施进行临场救治。

一、晕厥

晕厥,也叫晕倒,是一种暂时性脑缺血引起的短暂性意识丧失现象。精神紧张、低血糖、剧烈疼痛、疲劳过度、天气闷热、通风不畅、心脑疾患等均可引发晕厥。

常见症状:通常表现为出冷汗,面色苍白,脉搏加快,血压下降等。

处置:立即将患者放置在通风处,呈平躺状态,放低头部,掐人中穴、百会穴,通常可以即刻苏醒。如恢复较慢,可采用嗅氨水,或将通关散吹入伤者鼻内,或针刺中冲穴或人中穴等方法,使其恢复意识。

二、关节扭伤

扭伤多发生于肩、肘、腕、膝、腰、踝等处关节部位。扭伤是关节超过正常范围的活动时,造成关节附近韧带与关节囊的损伤。例如,训练、比赛中姿势不当或不慎跌倒、牵拉和过度扭转等原因,引起某部位的皮肉筋脉受损,造成局部经络不通,经气运行受阻,瘀血阻滞。

常见症状:扭伤部位往往出现瘀血而肿胀疼痛、皮肤青紫、关节活动不灵等症状。伤处肌肤出现红、青、紫等色,通常出现红色是皮肉受伤,出现青色是筋扭伤,出现紫色是瘀血留滞。如果扭伤部位局部微肿,肌肉压痛,表示伤势较轻;如果扭伤部位出现红肿,关节屈伸不利,则表示伤势较重。

处置:出现关节部位扭伤后,要立即停止运动,切勿揉搓伤处。首先对损伤部位进行加压包扎,然后放置冰袋冰敷(图 6-1)。如果出现剧烈疼痛、心悸、心烦、恶心、出冷汗等情况,有可能发生骨折,应立即去医院进行影像学检查,确定伤势。

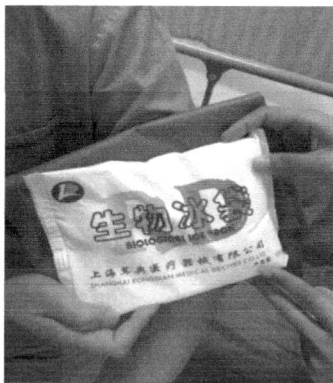

图 6-1

三、鼻出血

运动、训练中常因碰撞、钝性击打引起鼻子出血,通常造成鼻外伤、颅底骨折、鼻中隔穿孔等。

常见症状:伤者突然一侧鼻孔出血,堵塞后由另一侧鼻孔出血或口腔中出血,或表现为鼻涕中带血。出血多的伤者会出现头晕、心悸、耳鸣、疲惫乏力等症状。

处置:一般采用脱脂棉堵塞。如果出血严重时,往往止不住血,最有效的办法是将肾上腺素注射液滴于棉球上,塞入鼻腔。

四、牙齿脱落

运动中的跌倒、打击或碰撞可能会造成牙齿脱落。

常见症状:牙齿脱落。

处理:将被碰掉的牙齿用消毒纱布包好,尽可能在一小时内赶到医院及时进行牙齿再植术,不但能够保留牙齿,还能保留牙髓活力。

五、岔气

岔气是指运动时呼吸肌痉挛于胸肋部产生的疼痛。

常见症状:岔气时,呼吸肌痉挛,刺激呼吸肌里的感受器而产生疼痛。人体最主要的呼吸肌是肋间肌和膈肌。当肋间肌痉挛时,胸部两侧就会发痛;当膈肌痉挛时,疼痛就会发生在左(右)肋下。

治疗:伤者端坐,治疗者双手持伤者双肩向后掰,并且用右膝顶住伤者背部,手掰膝顶协调动作,以达到整复与顺气的目的。

六、骨折

骨折后在原地处理,切忌随意搬动伤者。如下肢损伤,切勿架起伤者行走,否则会给骨折部位血管、神经、肌肉造成损害。

1. 锁骨骨折

锁骨连接于胸骨柄与肩峰之间呈 S 形,起连接上肢与躯干之间支架作用。锁骨形状细长,位置表浅。锁骨骨折多为间接暴力引起,如运动中突然摔倒,手掌、手肘或肩着地,传导暴力致锁骨中 1/3 处的骨折,骨折类型多为横断型或短斜型;也存在直接暴力的可能,常见的如运动中对方胸上方撞击己方锁骨,导致粉碎性骨折。

常见症状:骨折后,易出现肿胀、皮下瘀血等症状,肩关节活动使疼痛感加重。

处理:伤者常用另一只手托住肘部,减少肩部活动引起的骨折端移动而导致的疼痛,头部向患侧偏斜,以减轻因胸锁乳突肌牵拉骨折近端活动而导致的疼痛。用两条三角巾做成环,套于双肩,再用一条三角巾在背后将两个环拉紧打结。

2.肱骨骨折

肱骨骨折常发生于肱骨外科颈、肱骨干、肱骨髁上、肱骨髁间、肱骨外上髁、肱骨内上髁。其中,尤以前三者为多。在训练比赛中发生的碰撞、暴力打击或摔倒时,手或肘部着地,反作用力经前臂或肘部传至骨折损伤部位。

常见症状:若为肱骨干骨折,则可能会出现患臂肿痛较剧烈,有明显的压痛,不能握拳,功能丧失;若为肱骨髁上骨折,则可能会出现肘部肿胀疼痛,甚至出现张力性水疱,肩部压痛甚剧,肘关节功能丧失,骨折部位有异常活动和骨擦音。

处理:取一合适夹板放于上臂外侧,用三角巾固定上臂的上下两段,再用三角巾将前臂悬挂起来,最后用三角巾把上臂捆在躯干上。

3.前臂骨折

前臂单纯骨折是指尺骨或桡骨骨折,或两者同时骨折。

常见症状:多表现为前臂肿胀、疼痛、活动受限,可出现成角畸形,局部有压痛。

处理:在前臂的掌背侧上一个夹板,固定前臂上下端(图 6-2),再用三角巾将前臂悬挂起来。

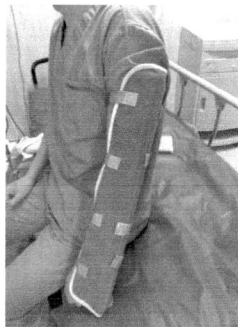

图 6-2

4.掌骨骨折

掌骨骨折是手部常见骨折之一。

常见症状:受伤后可能会出现手背肿胀、疼痛、畸形、局部压痛、活动受限等。

处理:伤者手握一卷绷带,然后用胶布固定。

5.指骨骨折

指骨骨折多为开放性骨折,在运动中多为直接暴力所致。

常见症状:疼痛、肿胀、活动功能受限、局部畸形。

处理:用硬纸壳放于患指掌面,然后用胶布固定(图 6-3)。

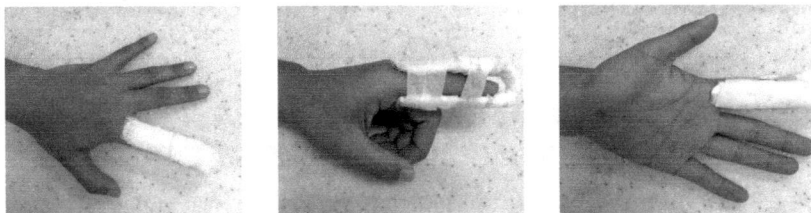

图 6-3

6.股骨骨折

运动中冲撞时的直接暴力打击可能造成股骨骨折。

常见症状:局部疼痛、肿胀、大腿畸形或功能障碍等。

处理:取一长夹板,下至足底,置于伤肢外侧,内侧夹板自腹股沟至足底。将三角巾分别放在小腿、大腿、腰部、胸部,然后打结固定夹板。

7.小腿骨折

小腿骨折也称胫腓骨骨折,多由于直接暴力引起。

常见症状:局部疼痛、肿胀、畸形呈成角和重叠移位。

处理:取两个夹板,一板置于大腿外侧,自大腿中部至足底,另一块置于大腿内侧,自大腿中部至足底,用几条宽带加以固定(图 6-4)。

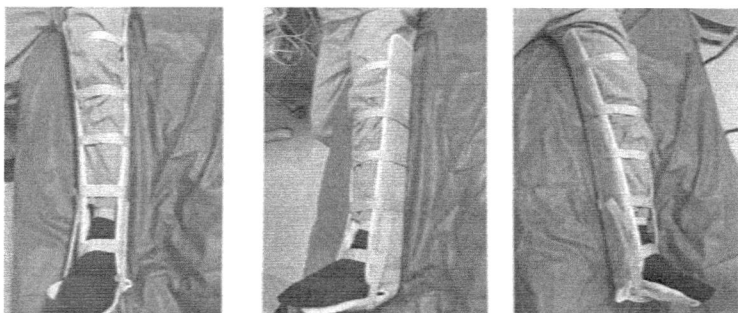

图 6 - 4

8.髌骨骨折

髌骨骨折是由于直接暴力或股四头肌猛烈收缩导致髌骨完整性丧失,以髌骨局部肿胀、疼痛、膝关节不能自主伸直为主要表现的骨折。

常见症状:主要表现为瘀血、肿胀、膝关节活动受限等。

处理:先将小腿伸直,在腿下放一夹板,自大腿中部至足跟,用三条宽带分别固定膝下、膝上和踝部。

9.足部骨折

足部骨折通是指发生于足部跟骨、距骨、跖骨、趾骨的骨折。

常见症状:疼痛、肿胀、畸形、活动受限、行走困难,局部可能会出现红肿。

处理:用一直角夹板置于小腿后部,用三条宽带分别固定膝下、踝部和足底部。

七、关节脱位

1.肩关节脱位

肩关节脱位按肱骨头的位置分为前脱位和后脱位。前脱位很多见,在运动中,跌倒时上肢外展外旋,手掌或肘部着地,外力沿肱骨纵轴向上冲击,肱骨头自肩胛下肌和大圆肌之间薄弱部撕脱关节囊,向下脱出,形成前脱位;后脱位较为罕见,多由于肩关节受到由前向后的暴力作用或在肩关节内收内旋位跌倒时手部着地引起。

常见症状:主要表现为肩关节疼痛,周围软组织肿胀,关节活动受限。

处理:伤者仰卧于床边,手臂伸直,医者把脚放在伤者的腋窝处,双手握着手腕做纵轴牵引,感到滑动或听到响声时已经复位。也可以采用3人复位法,伤者端坐,第一助手站在伤者健侧,双手抱着伤者的胸背部,第二助手握着伤者腕部,抬高手臂至90度,做纵轴牵引,随后用三角巾悬于胸前。

2.肘关节脱位

肱骨远端和尺骨及桡骨近端之间发生分离的现象被称为肘关节脱位。根据脱位的关节,肘关节脱位可分为肱尺关节脱位、肱桡关节脱位、近侧桡尺关节脱位。根据脱位后尺骨、桡骨近端和肱骨远端的相对方向改变,肘关节脱位可分为后脱位、侧方脱位和前脱位。

常见症状:局部迅速出现剧烈疼痛,肘窝处明显肿胀,肘关节不敢伸直,屈伸活动受限,患者上肢长度明显缩短。

处理:伤者端坐,助手握着伤者上臂上端固定,治疗者一手握伤者腕部做牵引,另一手将尺骨鹰嘴推移至肘后正中。然后将手移至肘窝向下按压,在持续牵引下屈肘,听到响声已经复位。屈肘90度,用三角巾悬于胸前。

3.掌指关节脱位

掌指关节脱位多见于拇指和食指,且多为掌侧脱位,主要由于间接力量导致手指扭伤、戳伤、手指极度背伸时发生。它通常是手指过度于伸展位,受到纵向而来的暴力,致使掌关节的掌侧关节囊破裂,掌侧纤维板从膜部撕裂。

常见症状:关节出现畸形,局部肿胀疼痛、功能障碍。

处理:屈曲腕关节和近侧指间关节,放松指屈肌腱,然后由背侧向远侧、掌侧推挤近节指骨基底,通常可使之复位。

4.指间关节脱位

指间关节脱位较为常见,各手指的近侧或远侧指间关节均可发生。脱位的方向多为远节指骨向背侧移位或内、外侧移位,前方脱位极为罕见。在关节极度过伸、扭转或侧方挤压时,可造成关节囊关节侧韧带损伤,重者韧带断裂,或伴有撕脱骨折,有时造成关节脱位。脱位的方向大多是远关节指骨向背侧移位,同时有侧方偏移。

常见症状:关节呈梭形肿胀、疼痛、局部压痛、自动伸屈活动受限。

处理:医者一手固定患者掌部,另一只手握患者末节,先顺畸形拔伸牵引,然后用拇指推指骨基底部向前方,同时食指托顶指骨头向背侧,逐渐屈曲指间关节即可复位。

5.髋关节脱位

髋关节是典型的杵臼关节,由髋臼和股骨头构成。股骨头从髋关节中脱出的情况称为髋关节脱位。髋关节脱位多由高速高能力的暴力所致,髋关节脱位分为后脱位、前脱位和中心脱位。运动中,发生冲撞时,运动员的体位处于屈膝及髋关节屈曲内收,股骨则有轻度的内旋,当膝部受到暴力时,股骨头及髋关节囊的后下部薄弱区脱出。

常见症状:有明显的剧烈疼痛、肿胀与压缩,髋关节不能活动,下肢无法进行主动运动。患肢缩短,髋关节呈屈曲、内收、内旋畸形,可以在臀部摸到突出的股骨头,大粗隆上移明显。

处理:伤者仰卧屈膝 90 度。助手用双手按于伤者两侧髂骨上,医者双手抱腘窝部向下牵引,同时柔和地向内外旋转大腿,如听到或感到明显弹响,患者伸直后畸形消失,并可做内收、外展等活动,即把股骨头推入髋臼内,表明复位成功。

6.下颌关节脱位

人们张嘴和闭嘴是通过颞下颌关节的活动来完成的,但是下颌活动有一定的限度,如果超出活动范围,就会出现脱位。下颌关节在正常情况下,张口时有较大的滑动移位,尤其张口较大时,向前滑动移位更大,当髁状突向前滑至关节结节之上时,即处于不稳定的位置。此时,关节囊被拉长、拉松,但并未破裂,若遭受外力打击或翼外肌、嚼肌的痉挛和下颌韧带的紧张,都可推动下颌骨向前继续滑移,当髁状突移位超过关节结节最高峰,即滑移至关节结节之前,不能脱回到下颌窝内时,即形成下颌关节脱位。

常见症状：口半开，不能自动开合，语言不清，咬食不便，吞咽困难，口涎外溢等。

处理：伤者端坐，医者双拇指缠上纱布，放入伤者口腔两侧下臼齿上，其余四指握着下颌骨，然后两拇指向下压臼齿，将下颌骨推向后方即可复位。

八、止血方法

血液是维持生命的重要物质，成年人血容量约占体重的 8%（4000～5000 mL），如出血量为总血量的 20%（800～1000 mL）时，会出现脉搏增快、血压下降、出冷汗、肤色苍白、少尿等症状；如出血量达到总血量的 40%（1600～2000 mL）时，就有生命危险。出血伤病者的急救，只要稍拖延几分钟就会造成危及生命的后果。因此，外伤出血是最需要急救的危重症之一，止血术是外伤急救技术之首。

外伤出血分为内出血和外出血。外出血是现场急救重点。伤病者胸部内出血，取半坐位；腹腔内出血，下肢抬高。外出血分为动脉出血、静脉出血、毛细血管出血。伤病者动脉出血时，血色鲜红，有搏动，量多，速度快；静脉出血时，血色暗红，缓慢流出；毛细血管出血时，血色鲜红，慢慢渗出。

1.加压包扎止血法

加压包扎止血法适用于各种伤口，是一种比较可靠的非手术止血法。用已消毒的纱布垫，在紧急情况下可用干净的布类、毛巾等折成比伤口大的"敷料"状，盖住伤口，再用纱布、三角巾、四头带或绷带等适当加压包扎，其松紧度达到能止血为宜。此方法可用于毛细血管、静脉和四肢小动脉出血，是外伤急救的最常用方法（图 6-5）。

2.指压动脉法临时止血

指压动脉法适用于头部和四肢某些部位大出血的伤病。指压法即用手指压迫动脉经过骨骼表面的部位，以阻断血流，使远端暂时止血。

1)头面部指压动脉止血法

(1)压颞浅动脉：适用于一侧头顶、额部的外伤大出血。在伤病者

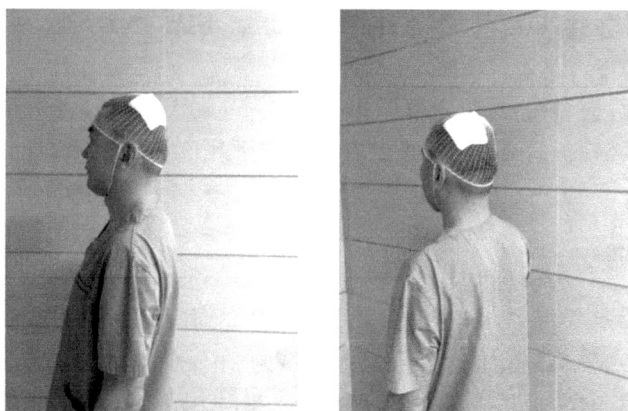

图 6-5

伤侧耳前,一只手的拇指对准下颌关节压迫颞浅动脉,另一只手固定伤病者头部。

(2)指压面动脉:适用于颜面部外伤大出血。用一只手的拇指和食指或拇指和中指分别压迫伤病者双侧下颌角前约 1 厘米的凹陷处,阻断面动脉血流(因为面动脉在颜面都有许多小支相互吻合,所以必须压迫双侧)。

2)一指压耳后动脉

适用于一侧耳后外伤大出血。用一只手的拇指压迫伤病者伤侧耳后乳突下凹陷处,阻断耳后动脉血流,另一只手固定伤病者头部。

3)指压枕动脉

适用于一侧头后枕骨附近外伤大出血。用一只手的四指压迫伤病者耳后与枕骨粗隆之间的凹陷处,阻断枕动脉的血流,另一只手固定伤病者头部。

4)肩上与上臂出血

用手指压迫锁骨下动脉,压迫点位于锁骨内上方,胸锁乳突肌外缘。用拇指在该侧锁骨上凹内,将锁骨下动脉压向第一肋骨上。

5)前臂出血

用手指压迫肱动脉,使患肢外展,用四指压迫上臂内侧。

6）下肢出血

大腿与小腿出血时，可用手指压迫股动脉，压迫点位于腹股沟横纹中点，用拇指重叠起来按压。

7）足部出血

医者用手指按压伤者胫前和胫后动脉，一拇指压内踝与跟骨之间，另一拇指压足背横纹的中点。

3. 填塞止血法

填塞止血法是用棉垫、消毒纱布填塞在伤口内，并在外加压包扎的一种方法（注意：伤口内还可以放止血剂）。

4. 强屈关节止血法

强屈关节止血法是在腋窝、肘关节、腘窝、大腿根部加垫屈肢，再用绷带或三角巾缚紧固定肢体于屈曲位，它可控制关节远侧血流，适用于四肢出血，但出现骨折时忌用此法。

5. 止血带止血法

止血带止血法一般适用于四肢大动脉出血。止血带通常采用弹力较好的橡皮管、橡皮带或气压止血带，也可用大三角巾、布带、手巾代替，在采用本方法止血时，可用小木棍绞紧，并在近旁绑缚固定。

（1）橡皮止血带。抢救者左手在离带端约10厘米处由拇指、食指和中指紧握，使手背向下放在伤病者扎止血带的部位，右手持带中段绕伤肢半圈，然后把带塞入左手的食指与中指之间，左手的食指与中指夹紧止血带向下牵拉，使之成为一个活结，外观呈A字形。

（2）气性止血带。常用血压计袖带，操作方法比较简单，只要把袖带绕在伤病者扎止血带的部位，然后打气至伤口停止出血。

（3）布制止血带。将三角布折成带状或将其他布带绕伤病者伤肢一圈，打个蝴蝶结；取一根小棒穿在布带圈内，提起小棒拉紧，将小棒依顺时针方向绞紧，将绞棒一端插入蝴蝶结环内，最后拉紧活结并与另一头打结固定。

（4）注意事项。止血带止血法是四肢大出血损伤时救命的重要手段，若用法不当，也可出现严重的并发症，如肢体缺血坏死、急性肾衰竭等,因此,必须注意以下几点。

①部位:上臂外伤大出血应扎在上臂上 1/3 处,前臂或手大出血应扎在上臂下 1/3 处,不能扎在上臂的中 1/3 处,因该处神经走行贴近肱骨,易被损伤。下肢外伤大出血应扎在股骨中下 1/3 交界处。

②衬垫。使用止血带的部位应该有衬垫,否则会损伤皮肤。止血带可扎在衣服外面,把衣服当衬垫。

③时间。为防止远端肢体缺血坏死,在一般情况下,上止血带的时间不超过 2～3 小时,每隔 40～50 分钟松解 1 次,以暂时恢复血液循环,松开止血带之前应用手指压迫止血,将止血带松开 1～3 分钟之后再在另一稍高平面绑扎,松解时,仍有大出血者,不在运送途中松放止血带,以免加重休克。

④严禁用电线、铁丝、绳索代替止血带。

⑤上止血带只是一种应急措施,而不是最终的目的,因此,上了止血带后还需到医院请外科或急诊科医师处理,防止发生生命危险的情况出现。

第四节　队医的药箱

队医的职责是保护运动员的身体健康和安全。只有对运动员进行全方位多层次的医务监督,才能使其健康得到可靠保障,为创造优异成绩提供基础。队医可以采取有效的手段提高运动员的机能状态,保障训练和比赛的顺利进行。队医应对运动员的伤病与各种生理生化指标了如指掌。对于伤病要采用一切可取手段,进行积极治疗,对于一切不正常的生理反应要进行跟踪观察。

药箱是随队参加比赛和训练时进行临场急救的工具。药箱除备有器械、敷料(绷带、胶布、肌贴、轻弹、重弹、安尔碘、棉签、皮肤膜、创可贴)外,还必须具有以下药品。

(1)六神丸:主治喉科疾病(咽喉疼痛)、牙痛、牙龈炎、心绞痛。

(2)十滴水:主治中暑、头晕、呕吐、恶心、腹痛、肠胃不适,另外可治烧伤、冻疮、痱子。

(3)云南白药:活血,止血,止痛,治疗跌打损伤,伤口延期愈合,治疗痔疮、心绞痛。

（4）伤湿止痛膏：治跌打损伤、肌肉酸痛、关节疼痛等。

（5）冰硼散：鼻塞不通取少许冰硼散吹入鼻内，立刻呼吸畅通。治股癣、口舌生疮、咽喉疼痛。

（6）颠茄：主治盗汗、流涎、支气管分泌过多、胃酸过多等。

（7）苏合香丸：可用苏合香丸抢救心肌梗死，同时，苏合香丸可以治顽固性腹痛。

（8）香砂养胃丸：主治消化不良，胸膈胀满，大便溏稀。

（9）七厘散：活血化瘀，消肿止痛。治丹毒、带状疱疹、腱鞘囊肿、慢性咽炎。

（10）风油精：治疗头痛头晕、蚊虫咬伤、咽喉疼痛。

（11）冷镇痛气雾剂：主治关节扭伤、肌肉拉伤、撞伤、踢挫伤（未破皮）等，意外事故发生后，于第一时间自喷射止痛。

（12）藿香正气水：外涂治痱子、蚊虫叮咬，以及夏季皮炎。

（13）芬必得：主要功效是缓解轻度至中度疼痛，如头痛、关节痛、偏头痛、牙痛、肌肉痛、神经痛等。

（14）人丹：清暑开窍。主治伤暑引起的恶心胸闷、头昏、晕车晕船等。

（15）云南白药气雾剂：活血散瘀，消肿止痛。用于跌打损伤、瘀血肿痛、肌肉酸痛及风湿疼痛。如果脚扭伤在 24 小时内需要冷敷，防止进一步出血，过后才热敷。脚面肿时，也可以使用，使用方法为外用，喷于伤患处，一日 3～5 次。

第七章 三人制篮球运动规则

一、场地和器材

第一条

1-1 场地。三人制篮球比赛应在拥有一个篮筐的三人制篮球场地上进行。标准的三人制篮球场地面积应为 15 米（宽）×11 米（长），须具有标准篮球场上的相应区域，其中包括一条罚球线（5.80 米）、一条 2 分球线（6.75 米），以及篮筐下方一个"无撞人半圆区"。通常可以使用传统篮球场的半个比赛场进行比赛。

1-2 球。所有级别比赛统一使用 FIBA 3×3 官方用球，该球尺寸为 6 号篮球，球的重量为 510～550 克。

二、工作人员及其职责

第二条

2-1 裁判人员。设 1～2 名裁判员和 1 名记录员。

2-2 服装。裁判员与记录员要着装一致，但其颜色、款式应区别于运动员。

2-3 权力。比赛设 1 名裁判员时，他是比赛中唯一的执法宣判人员。

比赛设 2 名裁判员时，2 名裁判员对场上违反规则的行为都有权做出宣判，如发生矛盾，主裁判员是终决人员，并负责在记录表上签字。副裁判员兼管记 12 秒违例。

2-4 记录员职责。记录员兼管计时、记分，记录两队累积的分、全队犯规次数以及比赛时间，并按照规则要求宣布比赛进行的时间和比分。

三、规则

第三条

3-1　运动员人数。比赛双方可报名 4 人,上场队员为 3 人。

3-2　比赛时间与获胜方式。

3-2-1　常规比赛时间为 10 分钟。比赛进行到 5 分钟和 9 分钟时,记录员各宣布一次时间。比赛中除在罚球、暂停、队员受伤及比赛结束等情况下停止计时表外,其余情况均不停表。

3-2-2　在常规比赛时间结束前,率先得到 21 分或以上的球队获胜。该规定仅适用于常规比赛时间。

3-2-3　如果比赛时间结束时比分相等,则应进行决胜期比赛。决胜期中率先获得 2 分的球队获胜。决胜期开始前,应有 1 分钟的休息时间。

第四条

4-1　比赛开始。双方以掷硬币的形式决定发球权,然后在发球区掷界外球开始比赛。

4-2　发球区。中圈不在场地中的半圆叫作发球区,发球区的地面算界外。

4-3　发球。在发球区掷界外球算作发球。

第五条

5-1　攻守转换。

5-1-1　每次投篮命中后,都由对方发球。

5-1-2　所有交换发球权的情况,均为死球,在发球区掷界外球继续比赛。

所有不交换发球权的情况,则在就近的三分线外发球。在这种情况下,发球前,必须由裁判员递交球。

5-1-3　守方队员断球或抢到篮板球后,必须将球运(传)出三分线外(持球队员必须双脚踏在三分线外),才可以组织进攻,否则判进攻违例。

5-1-4 争球时,在罚球圈跳球,任何一方得球都必须将球运(传)出三分线(持球队员必须双脚踏在三分线外),才可以组织进攻,否则判进攻违例。跳球中的意外投中无效,重新跳球。

凡因涉及 5-1-3 和 5-1-4 中出现的违例,裁判员的手势为:两手前臂交叉于脸前,以示违例,交换发球权。

第六条

6-1 12 秒规则。将五人制篮球比赛中的 24 秒规则改为 12 秒。

6-2 犯规法则。

任何队员被判取消比赛资格的犯规,则取消该队比赛资格。

6-3 每个队累计犯规达 6 次后,该队的第 7/8/9 次的侵人犯规由对方执行 2 次罚球;第 10 次及随后的全队犯规都是判给对方 2 次罚球以及随后的球权。前 6 次犯规中,凡对正在做投篮动作的队员犯规:如投中,记录得分、对方个人和全队犯规次数,不追加罚球,由守方发球继续比赛;如投篮不中,则判给攻方被侵犯的队员 1 次罚球,如罚中得 1 分,并由守方继续掷界外球,如罚不中,由抢到篮板球的一方进攻。

第七条

7-1 替换。只能在比赛计时钟停止的情况下替换。

第八条

8-1 队长。比赛中,队长是场上唯一发言人。

8-2 纪律。比赛中应绝对服从裁判,以裁判员的判罚为最终判决。

本规则适用于全国各种级别的三人制篮球比赛,解释权归属中国篮球协会。

注:三人制篮球规则大部分沿用了以五人制篮球的执裁尺度为基准,继承了国际篮联的篮球规则的相关规定。但是,由于起源于街头篮球和基于提高比赛观赏性的需求,在三人制篮球比赛规则中包含一些特别的执裁理念,如"Show"的理念与"高节奏的流畅性"理念,即不过多地打断比赛,降低比赛的连续性。在基层的三人制篮球竞赛中,篮球裁判的执裁尺度具有一定的特殊性。具体如下:

（1）篮球判罚带球走违例的尺度相对较为宽松。

（2）为避免内线优势明显的队员长时间待在限制区内,判罚3秒违例的尺度通常更为严格。

（3）三人制篮球比赛中,裁判员通常会不判罚发生轻微接触的非法用手犯规。

（4）三人制篮球执裁中,裁判员对撞人与阻挡的判罚尺度相对较为宽松。

（5）在判罚背后非法防守方面,三人制与五人制篮球对此类犯规的执裁尺度相同。

参考文献

[1] 周冰.三人制篮球竞赛特征研究[D].北京:北京体育大学,2014.

[2] 李龙江.现阶段我国三人制篮球运动流行因素分析[J].内江体育,2012(12):37.

[3] 樊申.世界大学生三对三篮球联赛传切配合分析[J].哈尔滨体育学院学报,2017(2):71-75.

[4] 邵景钰.三人制篮球的竞赛特征及发展趋势[J].安徽工业大学学报(社会科学版),2016,4(34):117-118.

[5] 张东海.三人篮球和街头篮球的文化异同[J].新闻战线,2014(7):162-165.

[6] 张雪伦.三人制篮球赛的开展对青少年身心健康[J].价值的探讨,2014(1):27-31.

[7] 宋旭,吴兆祥,张勇.CBA 球员 NBA 球员可侧指标的比较研究[J].辽宁体育科技,2001(5):18-19.

[8] 张志,邓飞.中外优秀女篮运动员的身高、体重、年龄特征比较[J].体育学刊,2002(5):134-136.

[9] 陈本友.部分优秀女子篮球运动员竞技能力的主导因素分析[J].天津体育学院学报,1998,13(1):97-100.

[10] 王秀蓉.不同级别女子篮球运动员身体成分的比较研究[J].成都体育学院学报,1995,21(1):102-104.

[11] 全美篮球体能教练员协会.NBA 体能训练[M].孙欢,译.北京:人民体育出版社,2004.

[12] 孙民治.现代篮球高级教程[M].北京:人民体育出版社,2004.

[13] FUDGE B W,WESTERTERP K R,KIPLAMAI F K. Evidence of negative energy balance using doubly labelled water in elite Kenyan endurance runners prior to competition [J]. British

Journal of Nutrition,2006,95(1),59 - 66.

[14] HORVATH P J,EAGEN C K,RYER-CALVIN S D,et al. The effects of varying dietary fat on the nutrient intake in male and female runners[J]. Journal of the American College of Nutrition,2000,19(1):42 - 51.

[15] HORVATH P J,EAGEN C K,FISHER N M,et al. The effects of varying dietary fat on performance and metabolism in trained male and female runners[J]. Journal of the American College of Nutrition,2000,19(1):52 - 60.

[16] WATSON T A,BLAKE R J,CALLISTER R,at al. Antioxidant-restricted diet reduces plasma nonesterified fatty acids in trained athletes[J]. Lipids,2005,40(4):433 - 435.

[17] PITKANEN H T,OJA S S,RUSKO H,et al. Leucine supplementation does not enhance acute strength or running performance but affects serum amino acid concentration [J]. Amino Acids,2003,25(1):85 - 94.

[18] TSALIS G,NIKOLAIDIS M G,MOUGIOS V. Effects of iron intake through food or supplement on iron status and performance of healthy adolescent swimmers during a training season [J]. International Journal of Sports Medicine,2004,25(4):306 - 313.

[19] DUBNOV G,CONSTANTINI N W. Prevalence of iron depletion and anemia in top-level basketball players[J]. International Journal of Sport Nutrition and Exercise Metabolism, 2004, 14 (1):30 - 37.

[20] WARD K D,HUNT K M,BERG M B,et al. Reliability and validity of a brief questionnaire to assess calcium intake in female collegiate athletes[J]. International Journal of Sport Nutrition and Exercise Metabolism,2004,14(2):209 - 221.

[21] GROPPER S S,SORRELS L M,BLESSING D. Copper status of

collegiate female athletes involved in different sports[J]. International Journal of Sport Nutrition and Exercise Metabolism, 2003,13(3):343 - 357.

[22] QUINTAS M E,ORTEGA R M,LOPEZ-SOBALER A M,et al. Influence of dietetic and anthropometric factors and of the type of sport practised on bone density in different groups of women[J]. European Journal of Clinical Nutrition,2003,57(S1):58 - 62.

[23] MARTINCHIK A N,BATURIN A K,PETUKHOV A B,et al. Energy requirements in adolescents playing basketball in Russian Olympic reserve team[J]. Vopr Pitan,2003,72(2):35 - 40.

[24] KLEINER S M. Nutrition intervention in an all-star basketball player with fatigue[J]. Current Sports Medicine Reports,2003, 2(4):187 - 188.

[25] MINEHAN M R,RILEY M D,BURKE L M. Effect of flavor and awareness of kilojoule content of drinks on preference and fluid balance in team sports[J]. International Journal of Sport Nutrition and Exercise Metabolism,2002,12(1):81 - 92.

[26] JOHNSON A W,WEISS C B,STENTO K,et al. Stress fractures of the sacrum:an atypical cause of low back pain in the female athlete[J]. The American Journal of Sports Medicine,2001,29(4): 498 - 508.

[27] SCHRODER H,NAVARRO E,TRAMULLAS A,et al. Nutrition antioxidant status and oxidative stress in professional basketball players:effects of a three compound antioxidative supplement[J]. International Journal of Sports Medicine,2000,21 (2):146 - 150.

[28] MYER G D,FORD K R,PALUMBO J P,et al. Neuromuscular training improves performance and lower-extremity biomechanics in female athletes[J]. Journal of Strength and Conditioning Research,2005,19(1):51 - 60.

[29] 孙树勋. 篮球运动员的疲劳消除与运动营养[J]. 四川体育科学, 2004(3):35 - 36.

[30] 曾凡星,王守恒,方子龙,等. 间接判定运动员滥用人生长激素的指标的可行性研究Ⅳ口服肌酸、蛋白粉等营养补剂对少年男篮运动员血清 hGH 和 IGF-Ⅰ、Ⅱ 及结合蛋白 - 3 等指标的影响[J]. 中国运动医学杂志,2001,20(1):24 - 26.

[31] 艾华译,陈吉棣. 提高篮球运动员体能的方法和营养措施[J]. 体育科学,2000,20(4):89 - 92.

[32] 王保成. 我国篮球运动体能训练中存在的几个问题[J]. 北京体育大学学报,2002,25(2):260 - 262.

[33] 苑家骏,李忠思,张小娜,等. 果糖在运动中的应用[J]. 中国运动医学杂志,1998(2):149 - 150.

[34] 林文涛. 运动能力的生物化学[M]. 北京:人民体育出版社,1995.

[35] 房冬梅,冯美云. 1,6 -二磷酸果糖对大负荷运动大鼠心肌组织的影响[J]. 体育与科学,1999(3):11 - 14.

[36] COHEN J E, ATLURI P, TAYLOR M D, et al. Fructose 1, 6-diphosphate administration attenuates post-ischemic ventricular dysfunction[J]. Heart Lung and Circulation,2006,15(2):119 - 123.

[37] 杨则宜. 肌酸的补充与运动能力[J]. 体育科学,2000,20(1):76 - 78.

[38] HUANG S H,JOHNSON K,PIPE A L. The use of dietary supplements and dications by Canadian athletes at the Atlanta and Sydney Olympic Games[J]. Clinical Journal of Sport Medicine, 2006,16(1):27 - 33.

[39] BEMBEN M G,LAMONT H S. Creatine supplementation and exercise performance:recent findings [J]. Sports Medicine, 2005,35(2):107 - 125.

[40] BENZI G. Is there a rationale for the use of creatine either as nutritional supplementation or drug administration in humans participating in a sport? [J]. Pharmacological Research,2000,41(3):255 - 264.

[41] 张一鸣,王若宁.服用肌酸对肌肉运动能力的影响[J].南京医科大学学报,2000,20(6):431-432.

[42] 何聪.不同运动项目运动员的营养需求[J].中国体育教练员,2009,17(3):37-38.

[43] MURRAY R,BARTOLI W P,EDDY D. Physiological and performance responses to nicotinic-acid ingestion during exercise[J]. Medicine and Science in Sports and Exercise,1995(27):1057-1962.

[44] 王香生,常翠青.补充液体与恢复运动耐力的关系[J].中国运动医学杂志,2000,19(3):306-308.

[45] SHIRREFFS S M,TAYLOR A J,LEIPER J B,et al. Postexercise rehudration in man:effects of volume consumed and drink sodium content[J]. Medicine and Science in Sports and Exercise,1996,28(10):1260-1271.

[46] NOAKES T D,ADAMS B A,MYBURGH K H,et al. The danger of inadequate water intake during prolonged exercise[J]. European Journal of Applied Physiology,1988,57(2):210-219.

[47] BURKE L M,HAWLEY J A. Fluid balance in team sports:guidelines for optimal practice[J]. Sports Medicine,1997(34):38-54.

[48] 何英强,陈吉棣,杨则宜.热环境下运动和劳动时出汗丢失水分和无机元素的研究[J].中国运动医学杂志,1987,6(2):70-74.

[49] 杨则宜,陈吉棣,焦颖,等.夏季训练中运动员排汗及汗液成分的研究[J].体育科学,1984(3):61-66.

[50] 全国体育院校教材委员会.运动生理学[M].北京:人民体育出版社,2002.

[51] 朱晓梅,葛桂梅.关于篮球运动生理学基础的研究[J].湖北体育科技,1995(4):59-61.

[52] 成惜今,陈树华.我国优秀女篮运动员比赛中机体供能问题的初步探讨[J].武汉体育学院学报,2000,4(34):98-99.

[53] NICHOLAS C W,NUTTALL F E,WILLIAMS C. The loughbor-

ough intermittent shuttle rest:a field test that simulates the activity pattern of soccer[J]. Journal of Sports Sciences,2000,18(2):97 - 104.

[54] HARGREAVES M,DILLO P,ANGUS D,et al. Effect of fluid ingestion on muscle metabolism during prologed exercise[J]. Journal of Applied Physiology,1996,80(1):363 - 366.

[55] 何隽,颜玉凤.运动与补糖[J].沈阳体育学院学报,2004,23(1): 51 - 53.

[56] 邓树勋.高级运动生理学:理论与应用[M].北京:高等教育出版社,2003.

[57] JENTJENS R L,JEUKENDRUP A E. High rates of exogenous carbohydrate oxidation from a mixture of glucose and fructose ingested during prolonged cycling exercise[J]. British Journal of Nutrition,2005,93(4):48.

[58] 邓树勋.运动生理学[M].北京:高等教育出版社,1999.

[59] 李湘浓,丁俊华,邢英琦.1,6-二磷酸果糖改善运动员左心功能的分析[J].冰雪运动,2000(2):43 - 45.

[60] 高伟.肌酸的优势[J].游泳,2000(5):8 - 11.

[61] 宋欣.口服肌酸对人体运动能力的影响[J].体育科学,1997 (2):88.

[62] 刘大川.运动中补充肌酸的研究进展[J].首都体育学院学报, 2002,14(3):94 - 96.

[63] 李斌,艾华,李显.补充大剂量肌酸抑制运动训练大鼠内源性肌酸的合成[J].中国运动医学杂志,2005,24(3):297 - 301.

[64] 魏凤阁.补液对青少年运动员运动的影响[J].河北体育学院学报,2001,15(1):33 - 36.